ARMANDO LUCAS CORREA nació en Guantánamo, Cuba. Comenzó su carrera como crítico de teatro y danza en los ochenta, después de obtener un título en Teatro y Drama del Instituto Superior de Arte de La Habana. Fue editor de *Tablas*, una publicación cubana sobre las artes escénicas, y corresponsal para la revista española *El Público*. Como asesor de drama, trabajó en una trilogía teatral americana con el grupo de teatro El Público y dio clases analíticas de drama a estudiantes de guión en la Escuela Internacional de Cine de San Antonio de los Baños. En Cuba publicó la obra de teatro *Examen final*. En 1991 llegó a Miami, donde trabajó como periodista en *El Nuevo Herald*. Luego, en 1997, se mudó a Nueva York y fue contratado como escritor para la recién inaugurada *People en Español*, de Time Inc., donde desde 2007 es el director editorial. Actualmente vive en Nueva York.

En busca de Emma

Dos padres, una hija y
el sueño de una familia

ARMANDO LUCAS CORREA

HARPER
rayo

Un rama de HarperCollins*Publishers*

He cambiado el nombre de algunos individuos y modificado características que los pueda identificar, incluyendo descripciones físicas y ocupaciones, para preservar su anonimato. En algunos casos han sido creados personajes compuestos o las cronologías han sido comprimidas para preservar la privacidad aun más y mantener la línea narrativa. La meta en todos los casos fue proteger la privacidad de las personas sin dañar la integridad de la historia.

PRIMERA EDICIÓN RAYO, 2009

ISBN: 978-0-06-182993-2

09 10 11 12 13 DIX/RRD 10 9 8 7 6 5 4 3 2 1

Contentido

2005

EL ENCUENTRO

A Emma Isabel, porque te estuve buscando por años. Ahora esperaré ansioso el momento en que puedas leer y entender estas páginas que fueron escritas pensando en ti.

A nuestros mellizos Anna Lucía y Lucas Gonzalo que están por llegar. Ya falta poco para el encuentro.

"A cada hombre le está dado, con el sueño, una pequeña eternidad".

—JORGE LUIS BORGES

"Lo que se hizo en ella era la vida y la vida era la luz".

—EVANGELIO SEGÚN SAN JUAN

"Whoever you are I have always depended on the kindness of strangers."

—TENNESSEE WILLIAMS, *A Streetcar Named Desire*

Introducción

PARA TENER UN hijo he perdido a cinco.

Desde el primer día en que tomé la decisión de convertirme en papá con la ayuda de una madre gestacional y una donante de óvulos tuve que batallar contra las decepciones, sobreponerme a las pérdidas y comencé a escribir un diario. No confío en la memoria.

Como acostumbro a olvidar las adversidades —y en esta odisea uno vive en estado de conmoción—, la clave era dejar mi aventura registrada en blanco y negro.

¿Por qué esa obsesión por tener un hijo? Para decir la verdad, no tengo respuesta.

Siempre supe que iba a ser padre, incluso desde que era niño. Me casé recién cumplidos mis veinte —ella tenía dieciocho— y por dos años evitamos a toda costa un embarazo. Éramos muy jóvenes y ambos estábamos estudiando, pero cuando esa vida universitaria terminó, al graduarme, decidimos divorciarnos.

Al perder la oportunidad de ser papá como la sociedad manda, las posibilidades de tener un hijo se redujeron —o se ampliaron, como algunos prefieren verlo.

Recuerdo que a finales de la década del noventa, en un patético ejercicio corporativo, se le ocurrió al editor de la revista donde trabajaba —y aún trabajo— reunir a todo el equipo alrededor de una mesa ovalada en un oscuro salón de conferencias. La idea era que contáramos algo personal de lo cual ninguno de los presentes tuviera la más remota idea. ¿El objetivo? Compenetrarnos más.

Unos sacaron a flote su alma de decoradores de interiores, otros su esencia altruista, unos su espíritu deportivo, otros el agente de bienes raíces que llevaban dentro.

Llegó mi turno, casi al final de la eterna ronda, y solté lo primero que me vino a la mente. "Estoy en el proceso de adoptar un niño". Así, como quien dice: "Hoy quiero comer carne con papas". Lo que para mí era un secreto —no lo había consultado aún con nadie de mi familia— había decidido compartirlo con mis compañeros de trabajo.

Todos quedaron atónitos. Nadie se lo esperaba.

No calculé el impacto inmediato de la noticia, pero desde entonces, mis proyectos de ser papá han sido siempre una carta abierta entre los que me rodean.

Comencé por Ucrania. Aún recibo correos electrónicos relacionados con los grupos de adopción. Era uno de los pocos países que tenía leyes algo amigables para que un hombre de mi edad, ciudadano estadounidense, adoptara. La mayoría de los países que ofrecía posibilidades de adopción exigía que fueran parejas casadas; en varios, había límites de edad. Y el proceso podía extenderse de tres a cinco años.

Me adentré en los orfanatos de Rumania, Ucrania y Rusia. De inmediato fui invadido por rostros de niños amotinados en cunas desencajadas y sucias. Intercambié correspondencia con padres frustrados por el proceso y con algunos que habían vencido las trabas y tenían hoy un bebé bajo su techo.

Mientras más me introducía en el mundo de la adopción, más me convencía de que no era la vía adecuada para mí.

No estaba preparado para todo el proceso de escrutinio antes y después de tener el bebé, o las visitas constantes a tu hogar para evaluar tu labor de padre y la terrible y eterna posibilidad de que por una insólita y despiadada decisión burocrática ese niño, que te necesita casi para respirar y que has convertido en tu hijo, pueda serte arrebatado en un abrir y cerrar de ojos.

Hoy me parece muy lejana esa época y, al volver atrás, lo que más me asusta es que lo que ahora puedo contar en un párrafo, tomó años de mi vida.

Un día llegó a mi oficina la primera prueba de imprenta de una edición de la revista *People Weekly*, privilegio que tenemos por trabajar bajo el mismo grupo editorial. En ese número, que a los pocos días saldría a la venta, leí por primera vez una pequeña historia que, si alguien me la hubiera contado antes, habría pensado que se trataba de ciencia ficción.

Un hombre de treinta y nueve años, de Phoenix, Arizona, se había convertido en padre a través de una madre gestacional. El bebé, una hermosa niña de más de ocho libras, era de él, biológica y legalmente, ya que el embrión que llevó en su vientre la madre gestacional se había concebido con el esperma del futuro padre y con el óvulo de una donante.

El hombre, que había estado casado por un breve período de tiempo y que por muchos años había luchado con aceptar su homosexualidad, estaba decidido a tener un hijo. ¿Cómo? Un anuncio de la agencia Surrogate Mothers, Inc., que ofrecía sus servicios de donación de óvulos y de madres gestacionales, fue la solución. El problema era que, al ser un hombre soltero, muchas de las candidatas se negaban a trabajar con él. Incluso hubo dos doctores que rehusaron hacer la fertilización in vitro porque no tenía pareja. La odisea fue encontrar una donante de óvulos y una madre gestacional que se decidieran a hacerlo, hasta que apareció su ángel de la guarda, una mujer de treinta años, que tenía sus propios hijos y que aceptó trabajar con él. ¿Cuánto costaba el proceso? Más de $40.000, sin contar los gastos legales y médicos.

Tendría que vencer muchos obstáculos, pero eso no me importaba; sería un proceso desgastador, y qué más daba; costaría una fortuna —que yo no tenía—, pero ya encontraría una solución.

Así que, más que sorprendido y lleno de esperanzas, llamé a la agencia encargada de todo ese malabarismo genético y así empezó este increíble viaje en busca de Emma. Al final no tuve a mi hija con esa agencia, pasaron cuatro años desde que leí el artículo y Emma nació, no sin antes sufrir accidentes, desilusiones y fracasos, pero en ese momento sí sentí la certeza de que convertirme en padre podía ser más que una utopía.

Ahora le han dado la vuelta al mundo las primeras fotos de los hijos que Ricky Martin tuvo a través de una madre gestacional. Hace poco lo entrevisté y tuve la gran satisfacción de verlo feliz y más realizado que nunca, y sus palabras me estimularon aun más para escribir este libro: "No olvido que tú, hace unos años, la última vez que me entrevistaste, me hablaste de la subrogación gestacional. Mira, cuando yo empecé a buscar, a hacer mi *research*, y miraba las historias de padres que lo habían logrado, tenía en mi mente que tú lo habías hecho y que fue con un final feliz, una historia positiva. No creas que lo he olvidado. Y debo decirte que tú, directa o indirectamente, me has traído un poco de luz".

Al tiempo que escribo estas líneas, y como tiendo a olvidar los malos momentos, he comenzado nuevamente el proceso para tener otro hijo, he regresado a los contratos, las consultas legales, la búsqueda de la misma donante de óvulos, llegar a un acuerdo monetario, crear los embriones y tratar de que la misma madre gestacional lleve a mi bebé en su vientre. Emma merece un hermano o una hermana. Al terminar de escribir la última página, recibí la noticia de que Mary, la madre gestacional, quedó embarazada de mellizos: una hembra y un varón.

ESTAS PÁGINAS SON una trampa a la memoria. Están escritas directamente a Emma con la idea de ayudarla a entender cómo llegó al mundo. Es una conversación que inicié aquel 14 de noviembre a las 4:27 p.m. en San Diego, California, cuando la escuché llorar por primera vez.

Ojalá le sirvan, a su vez, a todos aquellos que quieran hacer realidad el sueño de tener un hijo, ya sea a través del proceso in vitro, de la inseminación artificial, con la ayuda de una donante de óvulos o con una madre de subrogación. Fueron años de búsquedas, llenos de percances, accidentes y frustraciones, pero eso es parte del pasado.

Hoy, cada vez que llega la hora de dormir y me voy con mi hija a su cuarto para hojear las leyendas de princesas y animales encantados, ella me pide que le lea, también, *En busca de Emma*. Por supuesto que no es este libro, sino una versión más pequeña que le he preparado con fotos desde el día que la concebimos hasta que nació.

A sus tres años, ya Emma sabe del embrión que fue creciendo poco a poco en el vientre de Mary; de la pequeña célula que aportó Karen, la donante del óvulo; del día que le corté el cordón umbilical; de cómo lloré de felicidad al verla venir al mundo. Y entonces me abraza y me dice al oído bien bajito, como si me confiara un gran secreto: "Papá, este es mi libro favorito".

En busca de Emma

2000—2004

La búsqueda

El nuevo milenio
y un sueño único

TODO COMENZÓ CON un sueño. Yo te soñé la última noche de 1999. La familia de Gonzalo se reunió al norte de Italia para esperar el milenio. Llegaron de Cuba, Brasil, Miami y nosotros de Nueva York. Todos estábamos amotinados en una pequeña casa de finales de 1800, en Varese, a cincuenta kilómetros de Milán.

Brindamos, celebramos la llegada del siglo XXI, nos abrazamos y esa noche no hice ninguna promesa para el nuevo año, lo cual me resultaba algo inquietante.

Aquella noche, al dormirme, encontré el éxtasis, la promesa, lo que más deseaba: te vi. Y no te imaginé ni rubia ni trigueña, ni de ojos azules o castaños. Te soñé. Te tenía en mis brazos, recién nacida, tu piel sobre mi piel. Te sentí, te olí, te acaricié y me dormí a tu lado. Fue una angustia, pero una angustia placentera. Me desperté agitado, la respiración entrecortada, el pulso acelerado.

No soy de los que creen en los sueños, no los analizo, incluso no los recuerdo.

Mi amiga Norma Niurka me llama cada vez que tiene un

sueño extraordinario. Los descifra, les busca explicaciones y conexiones con la realidad. Cada elemento del sueño tiene un por qué y me los narra como si fueran una obra teatral: se emociona; los actúa. Piensa que su vida va a tomar otro rumbo por lo que su cerebro destelló mientras dormía. Y cada vez que termina de contármelos a toda velocidad, para que yo no pierda la atención, me dice: "¿Tú no crees en los sueños, verdad?".

No es que no crea, es que no busco ni encuentro respuestas en ellos. Para mí, no son premoniciones. Son simples deslices eléctricos.

Muchas veces ni siquiera logro diferenciar una pesadilla de un sueño. Tanto uno como el otro me sofocan. Y como hago con todas las cosas que me sofocan o me mortifican, los coloco en el olvido. Tal vez es por eso que rara vez recuerdo un sueño al despertarme.

Pero en esta ocasión, el escenario era diferente.

Se acababa un siglo, estaba lejos de mi familia y recién había cumplido cuarenta años. Este era un sueño que no podía ignorar.

Al otro día tuve una extrema sensación de calma. Me sentí relajado, como si me hubiese quitado un enorme peso de encima.

Tomamos el tren a Roma y la ciudad me pareció diferente a aquella que había recorrido en otras oportunidades. Ya no tenía la ansiedad de descubrir cada esquina, visitar cada museo, encontrar las reliquias dispersas en las enrevesadas iglesias renacentistas, atravesar el monte Palatino, sentir el peso del arco de Constantino, perderme en los laberintos del Coliseo, devorar el mausoleo de Adriano, contemplar la Capilla Sixtina o refugiarme en el Trastévere. Ahora quería ir sin desviarme a la Basílica de San Pedro y asistir a la primera misa en latín del nuevo siglo, el segundo domingo después de las navidades, dedicada a los niños.

Gonzalo siguió un recorrido por la ciudad con los demás y yo me perdí en una masa devota que venía de todas partes del mundo, hasta llegar al altar, donde se vence el miedo al vacío.

Me arrodillé, oré por ti y pedí con insistencia poder conocerte. Seguí el ritual, atravesé el gran salón de la basílica y llegué hasta la imponente puerta de entrada de la derecha, abierta solo en los años del jubileo. Acaricié las brillosas rodillas del Jesús crucificado de la puerta, esculpido del bronce tomado sin piedad del venerado Panteón, pulidas por la devoción de millones de peregrinos. Recorrí cada detalle, buscaba la señal que deseaba en las columnas del altar. Contemplé el manto de Verónica y un trozo de la madera de la cruz, reliquias que solo se exhiben durante los años sagrados.

Al pie de la Pietá, protegida por un cristal a prueba de balas, encendí una vela y oré por ti bajo el reinado del Papa número 264.

Abandoné la basílica en paz. Me uní a los demás en una tumultuosa y cosmopolita Roma que daba la bienvenida al nuevo siglo, en medio del jubileo que marcaba la transición del segundo al tercer milenio de la era cristiana. Veía la ciudad más iluminada y comencé a sentirte en cada rincón. Tú eras mi gran secreto. Nadie me preguntó qué me pasaba, tal vez porque me veían relajado y feliz.

EL REGRESO A Nueva York fue rápido. En el avión, traté de reproducir el sueño una y otra vez. Aun podía cerrar los ojos y verte entre mis brazos.

Ya en nuestro apartamento en Manhattan, comencé a organizarme, a delinear cuáles serían los primeros pasos a dar para buscarte.

No quería, no podía perder ni un segundo.

El apartamento de aquel entonces era pequeño. Tendríamos que salir de él. Como había aumentado su valor, con la ganancia podríamos financiarte. En caso de que no se pudiera vender de inmediato, el cuarto tenía la amplitud necesaria para colocar tu cuna, tu gavetero, tus primeros juguetes.

Hoy, después de conocerte, trato de dibujar tu rostro en el sueño, pero no puedo. Busco tus ojos, tu llanto, tu sonrisa, y nada. Busco tu frondosa cabellera y no la encuentro. Tus manos, tu carita redonda, tus piececitos. Nada.

Pero en el sueño eras tú. Sabía que eras mi hija, que estábamos conectados física y espiritualmente, y desde ese día te prometí que movería cielo y tierra para traerte al mundo.

¿De dónde vienen los niños?

DESDE MUY PEQUEÑO tenía una vaga idea de cómo se hacían los niños. En mi casa nunca nos dijeron que venían de París, y el cuento de la cigüeña que deja caer a los bebés en pañales por la chimenea era demasiado bucólico para una desvencijada isla del Caribe. Así que nada de varitas mágicas o de la inmaculada concepción. Para tener un hijo hacían falta un hombre y una mujer. Y para más detalles, me habían dicho que los dos debían de estar desnudos.

El día que comencé la escuela las cosas se complicaron. Mi familia siempre quiso que estuviera unos años más adelante del resto de mis compañeritos de mi edad —no comprendo cuál era la ventaja—, por lo que, aunque era el más alto del aula, siempre fui el más pequeño en edad. Fue allí, con mis compañeros de clase que me llevaban más de tres o cuatro años, donde aprendí sus interpretaciones de cómo se hacían los niños. La primera versión, y la que perduró en mí por mucho tiempo, tenía que ver con la emisión de un líquido por parte del hombre. Hasta ahí parecería haber cierta lógica, pero el encargado de transmitir la historia se quedó en que ese líquido mágico no era más que el sudor del pene, extenuado al hacer contacto con la vagina.

Es por eso que siempre pensé que era infértil: mi pene no sudaba.

En ese momento comenzó mi preocupación por ser papá. Sometí a mi órgano a extremas temperaturas y ciertos malabarismos para ver si destilaba aunque fuese una simple gota de sudor. Nada. Ni el eterno verano tropical era capaz de volverme fértil. Así, desde muy pequeño, tuve la certeza de que nunca iba a poder estar con mujeres —y por ende no me convertiría en papá— pues mi órgano sexual no transpiraba.

Fue en una limitada clase de biología donde nos explicaron el procedimiento de manera científica y ahí el trauma fue aun mayor, pues ya no venía de un amiguito del aula, sino de la profesora. Ya no era sólo sudor, sino algo mucho más complejo que tenía que fabricar en mi interior para poder tener hijos. Así que, por muy claro que me lo explicaran, todavía dudaba de mi facultad para fecundar un óvulo: no me sentí capaz de emitir brebaje mágico alguno durante mi preadolescencia.

En mi largo camino por encontrarte, Emma, hasta el momento en que me mostraron los trece embriones fecundados, tuve dudas de mi fertilidad.

Hoy, no solo sé cómo se hacen los bebés, sino que puedo discernir el procedimiento casi desde el nivel celular.

Fuiste mi obsesión desde que comencé la escuela. Tal vez esas ansias de ser papá tenían que ver con que crecí sin la presencia de uno. Mis padres se divorciaron cuando tenía dos años y medio. Mi mamá se volvió a casar y aunque tuve padrastro desde muy pequeño, no fue más que un patético extraño que he dejado en el olvido, como acostumbro hacer con todas las cosas desagradables. Por otro lado, mi padre, con el que tuve encuentros esporádicos durante mi infancia y juventud, creó una familia nueva. Hoy día vive con su esposa, con la que lleva más de cuarenta y cinco años de casado, y tiene tres hijas, a las que rara vez llamo hermanas —no por despecho, si no por falta de hábito. Mis hermanas tienen dos hijos cada una, así que mi hija sería un nieto más para él. Al menos, pasaría a ser su nieta menor.

Luego de diez años sin verlo, busqué a mi padre para que tú lo conocieras. Me reencontré con él por ti —no creo que una niña de dos años pueda grabar en su memoria un encuentro que solo duró un par de meses— o para que al menos, cuando pasen los años, puedas tener guardada una foto con tu abuelo.

Invitarlo a visitarme fue una gran odisea y, como muchos de mis proyectos, comenzó en secreto. Fue una utopía que duró más de un año hasta que logró obtener la difícil visa para venir a Estados Unidos.

La primera vez que nos abrazamos en el aeropuerto tuve la sensación de haberme encontrado con un extraño. Salió de la aduana, atravesó el salón de espera del aeropuerto con cara de susto, unos espejuelos gastados y pesadísimos que le daban un aire de anciano. Lo vi viejo. No sentí ninguna conexión con él, pero lo abracé como si nos hubiéramos dejado de ver ayer. Él se sorprendió y sentí que estableció cierta distancia. Incluso, cada vez que me acercaba a él para tomarnos una foto y le apoyaba el brazo sobre su hombro, tenía una sutil sensación, como si su cuerpo se tensionara para no permitir que me acercara demasiado.

Mi padre es de pocas palabras. Es callado, discreto y evita los problemas. Creo que usa el mismo recurso que utilizo yo de evadir todo lo que lo distrae de su camino, más aun si esa distracción es un drama. Ahí coincidimos.

A los dos días de su llegada, mi padre cambió. Su rostro rejuveneció, le llegó un tono rosado a sus mejillas, lo vi más joven, tal vez gracias a un corte de cabello que le daba cierto aire de dignidad. Lo vi disfrutar de su silencio, ensimismarse en su ocio, deleitarse con todas las oportunidades que le facilitaba. No sabía cómo agradecer el tiempo que recuperaba al lado nuestro. Pero ahora, mientras mi padre se acercaba a mí, yo me alejaba… un distanciamiento que a su vez era una señal honesta de confianza.

Conversamos del pasado, de los escasos encuentros que tuvimos. De su familia paterna con la cual rara vez se ve. De sus padres, de sus abuelos, de su infancia. Lo vi recordar momentos con mi mamá, quien lo recibió con un cariño familiar y a su vez de respeto.

Era divertido verlos juntos, en una relación que parecía más de hermanos que han dejado de verse por unos años, que de marido y mujer que dejaron de vivir juntos hace más de cuatro décadas. A veces intentaba imaginarme qué pensaba mi mamá al ver a mi papá, fuerte y saludable, aún dedicado a su trabajo; un esposo o un padre ejemplar en el seno de la familia que él creo después del divorcio. ¿Se habrá preguntado cómo hubiera sido la vida con él?

Ahora hablo con mis hermanas en Cuba y ellas se sorprenden de las reacciones de nuestro padre. Él siempre estuvo cerca de ellas, dedicado a ellas, pero al mismo tiempo distante. Nunca lo habían visto llorar, no era para nada cariñoso y a mi padre, en nuestro encuentro, lo vimos derramar lágrimas, sentir una profunda admiración por sus hijos perdidos —mi hermana y yo— y disfrutar cada momento porque sabía que pronto llegaría a su fin.

Lo mejor de nuestro reencuentro fue que ninguno de los dos nos reprochamos lo que dejamos de hacer todos estos años. Me vi en él y él se vio en mí y eso fue satisfacción suficiente. Me dio tranquilidad verlo y sentir que podía envejecer con dignidad, de la misma manera en que él había envejecido.

Mi padre es un buen padre. Lo es con sus hijas. Para mi hermana y para mí no es que haya sido un mal padre, fue solo un padre ausente. Alguien al que siempre quisimos acercarnos y por circunstancias ajenas nunca se pudo. Nunca me imaginé que convertirme en papá me permitiría reencontrarme con el mío, pero así ocurrió. Ahora lo conocemos más y lo queremos, todo gracias a Emma.

QUIERO SER PARA ti, Emma, el padre que nunca tuve. Verte nacer, crecer milímetro a milímetro. Verte llorar y reír por primera vez, enseñarte a gatear y a caminar. No creo que mi padre rememore nada de mi infancia, pero él sí recuerda la de sus hijas. El día que nacieron, los cumpleaños, las vacaciones en la casa de la playa, la vez que le cortaron el cabello a las tres bien corto. Por eso te tendí mi mano desde el primer día y lo haré siempre, hasta el momento que estés lista para despegar.

Desde que te soñé te he visualizado año por año en todas las etapas de tu vida. De camino a la escuela, el día que te gradúas de la secundaria, los comienzos en la universidad, tu primer amor, el día de tu boda. Ahí voy a estar cerca de ti, para todo lo que necesites.

Por eso te traje al mundo, por eso te busqué, para que seas feliz, para que seas querida, para que crezcas rodeada de todos los que te aman.

Y tropezarás con obstáculos y serás fuerte, y vencerás las dificultades y te caerás y te levantarás, y llorarás y volverás a reír. Pero siempre vas a saber que me tienes ahí, cuando llores o cuando rías.

Y encontrarás algunos que se cuestionarán cómo te traje al mundo, cómo te negué la posibilidad de tener una madre e incluso sacarán a relucir a Dios. Pero tú sabrás explicarles. Porque tú estás aquí por la voluntad de Dios. Porque Dios da vida, no la quita. Dios está a favor del amor y en contra de la intolerancia.

En un laboratorio se podrá crear el embrión más perfecto, pero como me aclaró el doctor que me ayudó a concebirte, que un embrión se convierta en bebé sólo está en las manos de Dios. Que tú existas no es más que un verdadero e innegable acto de creación.

Poco a poco lo entenderás y sabrás defenderte y a los que te cuestionen responderás con una sonrisa.

Nunca dudé un segundo de lo que hacía porque sabía que no estaba solo. Tu búsqueda no iba en contra de ninguna ley de la naturaleza, todo lo contrario. Tú eres luz, tú eres vida, y la vida es obra de la naturaleza.

La primera agencia

CADA VEZ QUE tengo que tomar decisiones trascendentales, cambiar de trabajo, mudarme de Miami a Nueva York, regresar de nuevo a Miami, firmar un contrato, aceptar una nueva posición de trabajo o incluso comprometerme a escribir un libro, recurro a mi amiga Mirta Ojito. Ahora bromeo con ella y le digo que yo le sigo los pasos.

Ella fue la primera que me contrató en el periódico *El Nuevo Herald*, en Miami, como asistente del departamento de noticias. De ahí me convertí en reportero y al ella irse para *The New York Times* me recomendó al editor de una revista de entretenimiento que recién comenzaba, *People en Español*, como uno de sus escritores principales y me fui para Nueva York, donde estaban las oficinas de esa revista. Mirta regresó a Miami a escribir un libro y más tarde la seguí también, pero aún vinculado a la misma revista. De ahí Mirta volvió a Nueva York y sin proponérmelo también regresé yo.

Así que al leer el artículo sobre la pareja que había tenido un hijo con una madre gestacional, la llamé. Mirta en ese momento tenía dos hijos y quedó impresionada con el proyecto. Como me conocía, sabía que lo iba a lograr y me dijo: "Mi ginecólogo en

Nueva York tuvo a su hijo de la misma manera". Mirta siempre
tiene una respuesta, al menos la que yo necesito. "Su mujer no
podía tener hijos y fueron hasta una agencia en Oregón. Hoy son
padres de un bebé".

Por supuesto que de inmediato llamé al ginecólogo, me atendió dubitativo, pero me dio toda la información. Solo hacía diez
meses que había tenido su hijo y tenía la esperanza de volver a
repetir el procedimiento para buscar el segundo.

Esa fue mi primera agencia. Thorsen's Surrogate Foundation, en Portland, Oregón. No tenía la menor idea de dónde que-
daba, si las leyes permitían la subrogación en ese estado, cuál era
el porcentaje de bebés nacidos a través de una madre gestacional,
pero me lancé de lleno.

Nueva York, 16 de junio de 2000

Estimado Dr. Sampson:

Le escribo hoy con la esperanza de que pueda ayudarme
a cumplir el sueño de toda mi vida: el de convertirme en
padre. He realizado una extensa investigación y mis opciones
para ser papá son limitadas. La respuesta la he encontrado
en la subrogación gestacional. La ciencia y la tecnología han
logrado que el proceso de fecundar un óvulo en un laboratorio
sea una realidad para mí.

Ahora todo lo que necesito es que me ayude a encontrar
una maravillosa, generosa y dedicada mujer que quiera darle
vida a este sueño.

Le incluyo toda la información necesaria para comenzar el
proceso.

Espero saber de usted pronto.

Atentamente,

Armando

Mi primera conversación con el doctor Sampson me atormentó. El bombardeo de terminologías médicas, de procedimientos y las posibilidades reales de tener un bebé me dejaron casi inconciente en medio de arenas movedizas. La probabilidad de convertirme en padre de un bebé a través de la fertilización in vitro era de un 25 por ciento.

La subrogación gestacional —que implica una donante de óvulo, mi esperma y una madre gestacional— reducía mis posibilidades de ser papá. En la subrogación gestacional, la mujer seleccionada para llevar al bebé por nueve meses no es la misma que dona el óvulo. La donante del ovocito en este caso es otra. O sea que su óvulo es fecundado en un laboratorio (in vitro) con espermatozoides seleccionados de mi donación de esperma. El embrión resultante es transferido al útero ya preparado de la madre gestacional. La ventaja de esta técnica de reproducción asistida es que la madre gestacional no es la madre biológica del bebé, lo cual previene más complicaciones sentimentales de las que ya implica el proceso, una vez nacido el niño.

Él me había aconsejado la subrogación tradicional, donde la madre sustituta es la misma que aporta el óvulo. En ese caso, mi esperma se utiliza para fertilizar el óvulo a través de la inseminación artificial. A la madre sustituta se le estimulan los ovarios con medicamentos que inducen la ovulación. De forma natural el organismo sólo produce un óvulo durante el ciclo mensual. Con este procedimiento de inducción, se consigue que se desarrollen varios óvulos en un mismo ciclo. Luego, al semen lo preparan en el laboratorio después de la donación. Se seleccionan de los millones de espermatozoides, aquellos que tengan una morfología y movilidad óptima. La inseminación uterina se efectúa en el consultorio del médico, sin requerimientos de anestesia, y la madre sustituta debe permanecer en reposo por varios minutos.

El proceso me asustaba porque la madre sustituta tenía que entregar un bebé que había llevado en su vientre por nueve meses y que además era su hijo biológico. Con la madre gestacional, el bebé que lleva en su interior no es de ella, sino de la donante del óvulo, así que el día del parto, al tener que entregar el bebé a su padre genético y legal (yo), el trauma es menor. Al menos así me lo imaginaba.

En ambos casos existe antes, durante y después del embarazo un contrato legal donde la madre gestacional renuncia a ese embrión formado en un laboratorio o en su interior con un espermatozoide extraído de mi donación de semen. En el mejor de los casos, yo, el futuro padre, soy el único responsable y padre legal y biológico del bebé. La madre gestacional renuncia al bebé durante su embarazo y ante un juez se me otorga la patria potestad del aún no nacido. Se supone que yo estaría en el parto, y una vez nacido, el bebé pasaría a mi custodia y en el certificado de nacimiento yo aparecería registrado como su padre. Según el estado, el nombre de la madre portadora puede o no aparecer en el certificado. Luego, con ayuda legal, ese certificado se enmienda, se borra el nombre de la madre gestacional y solo aparece mi nombre como padre. Dependiendo del hospital o del estado donde naciera el bebé, los trámites de adopción serían los estipulados. En Oregón, yo, el padre biológico del bebé, tendría que adoptar a mi hijo. Al parecer, esa era mi única posibilidad en ese estado, lo que aún me llenaba más de incertidumbre.

En las dos variantes, los documentos con los nombres de la madre portadora o de la donante de óvulos pueden quedar sellados para siempre en la corte y solo pueden ser abiertos o consultados con la autorización de un juez.

Con el método de subrogación tradicional, tenía un gran dilema: ¿Cómo podría una madre "abandonar" a un bebé recién nacido que había llevado en su vientre y que le pertenecía a nivel celular?. Incluso en el otro caso, si la madre gestacional tuviera la convicción de entregar el bebé, tal cual lo acordó bajo términos legales, antes, durante y después de su embarazo, porque está conciente de que no puede ni quiere mantenerlo bajo su regazo, ¿cómo reaccionaría ante el descalabro hormonal que provocan un embarazo y un parto?

Oregón es un estado pequeño. Tiene entre tres y cuatro millones de habitantes y colinda con Washington y California. A diferencia de Washington, donde la subrogación pagada es penada por la ley, en Oregón no hay leyes relacionadas con el uso, pago o no, de una madre gestacional. California, sin embargo, es un estado de jurisdicción donde existen casos legales que amparan la subrogación. Sin dudas, en este estado hay más seguridad jurídica y más variedad de agencias. En otros, como Kentucky, se prohíbe la subrogación si esta implica un pago para que una madre gestacional o de subrogación renuncie a sus derechos sobre el bebé. De todas formas, en Kentucky existen agencias y hasta ahora las leyes no han sido aplicadas. En algunos estados la subrogación es reconocida y la intervención estatal es mínima por lo que las agencias pueden llevar su práctica sin objeciones. También existen estados donde un contrato de una madre gestacional o de subrogación no tiene validez por lo que no se puede hacer cumplir. Fuera de los Estados Unidos, hay países donde la subrogación gestacional tiene amparo legal como en Nueva Zelanda, Sudáfrica, Canadá o India. En España no se reconoce el acuerdo legal entre la madre gestacional y los futuros padres. En Argentina tiene que haber un comité que evalúa caso por caso para su aprobación. En Brasil no existen leyes que la regulen. En el Reino Unido está permitida mientras no haya ánimo de lucro. En Israel está aceptada siempre y cuando la madre gestacional sea soltera y la pareja que la contrata para que lleve a su hijo esté casada. En Francia aún se debate su aprobación. En China y en Italia está prohibida.

Al menos en Oregón no existen leyes que condenen la subrogación. Así que para mí, era una posibilidad ineludible.

Ya casi decidido a la subrogación tradicional —creía que todo dependía de quién sería la madre sustituta—, comencé a entrar en el enrevesado proceso de documentos, biografía y ensayos que tenía que escribir para convencer a una madre sustituta de que me aceptara como futuro padre.

Me encerré en un hermetismo total, como protección, y hasta a Mirta la mantuve alejada de mis progresos. Algo me decía que me desviaba del camino que quería tomar. Que la búsqueda no era la adecuada, pero hasta ese momento era mi único camino.

Vivía en un constante sobresalto, comencé a tener dificultades para dormir y, como en toda crisis que me toca atravesar, comencé a engordar.

El doctor me recomendó hacer un análisis de esperma que midiera mi nivel de fertilidad, más aun porque yo nunca había tenido un hijo. Ahí mi cabeza se comenzó a embotar con las posibilidades reales de la infertilidad masculina: podría padecer de astenozoospermia, o sea que mis espermatozoides tuvieran una movilidad reducida; u oligozoospermia, que es un penoso número bajo de espermatozoides en la eyaculación; o azoospermia, que es, peor aun, la ausencia total de espermatozoides en el semen.

Para quitarme las dudas y comenzar de veras todo el procedimiento, al menos la primera etapa de firmar los tenebrosos e indescifrables contratos, el doctor me recomendó que fuera a mi médico de cabecera con una lista interminable de pruebas sanguíneas. Tenía que excluir cualquier posibilidad de enfermedad venérea o de transmisión sexual, de VIH (virus de inmunodeficiencia humana) y otra serie de virus que nunca en mi vida había oído ni siquiera mencionar, junto a las enfermedades clásicas como hepatitis y deficiencias hematológicas.

Mi nivel de stress se disparó. ¿Dónde había caído?, me preguntaba a cada instante. ¿Hasta dónde iba a llegar todo este escrutinio? Mi hijo nacería en Oregón de una madre que había decidido abandonarlo. *Sería un hijo no querido,* pensé. Sabía que iba a ser más que querido por mí y los que me rodean, pero tendría el síndrome de los niños adoptados que siempre terminan en la búsqueda de la madre o el padre a los que están conectados de manera genética y que decidieron con frialdad abandonarlos a un desconocido. En mi caso yo sería su padre, así que me consolaba el hecho de que el "síndrome" sólo abarcaría un 50 por ciento. Esa era mi terapia.

Así y todo, con las dudas en pleno apogeo, comencé a imaginar a mi bebé soñado e intenté darle un rostro, pero me era imposible.

El terror se intensificó en el momento que empecé por primera vez a acercarme a los estratosféricos costos de todo el proceso.

Vivía en un apartamento de un cuarto en una de las zonas más exclusivas de Manhattan. Lo había comprado hacía unos años y este había subido de valor. Así que si vendía el apartamento podía costear los gastos para tener a mi bebé. Antes de la venta, podía recurrir a mis tarjetas de crédito.

Entraba por primera vez en una encrucijada desconocida, confiaba en extraños que solo conocía a través de Internet y esporádicas llamadas telefónicas. Eran nombres sin rostros en los que tenía que confiar con los ojos cerrados. Y confié.

Aquel verano llegó a su fin y me preparé para enfrentar la llegada del otoño. Si encontraba a la madre sustituta y la inseminábamos en unos dos meses, mi hija o hijo estaría conmigo en menos de un año. No lo podía creer. Tendría a mi bebé el próximo verano. Y nacería en Oregón.

¿Cómo son los nacidos en Oregón? ¿Es un estado republicano o demócrata? Todas estas preguntas que me inundaban los pensamientos me impulsaron a comenzar un proceso investigativo (¿acaso alguna vez ha finalizado?). ¿Cuántos votos electorales? ¿Quiénes son sus senadores? ¿Oregón le ha dado algún presidente a este país? ¿Qué escritor o celebridad es de Oregón? ¿En qué hospital nacería mi bebé? ¿Tendría que adoptarlo o por ley sería mío desde el momento en que naciera? Y con esto comencé a tropezarme con las primeras señales positivas. Una era el fascinante lema de Oregon: "Vuela con tus propias alas" (*Alis volat propriis*). La segunda: es el único estado del país que tiene un fruto seco nacional, la avellana (mi favorita), y allí se produce el 99 por ciento de las avellanas de todo el país.

Entré a la página de Internet de la agencia, pero era algo limitada. No ofrecía información detallada del personal que trabajaba ahí, ni de cuántos bebés habían nacido a través de madres sustitutas o de donantes de óvulos. Y, por supuesto, sí había un aproximado de los gastos a incurrir, pero sin un nivel de explicación que aclarara que esos gastos podían dispararse hasta el infinito.

Lo mejor de todo este sube y baja de análisis e investigación es que había dado el primer paso. Me sentía inmerso en un proceso y comencé a entender cómo es que funcionan este tipo de agencias.

Una agencia es como un hospital. Antes de entrar tienes que ser admitido. Es importante pasar el chequeo médico inicial. Luego te tratan como si estuvieras enfermo. Lo primero que tienen que descubrir es cuán grave es tu estado, si es operable y ver al final si el cirujano acepta llevarte al quirófano. Más que un "futuro padre" eres un paciente y comienzan a crearte un historial clínico.

Lo peor es que encima de ser un enfermo difícil de diagnosticar, no podrás evitar convertirte en un conejillo de Indias. No se sabe qué saldrá del proceso, si los resultados serán positivos o negativos y, es más, no tienes la más mínima seguridad de saber si te dicen la verdad o te engañan. A su vez, no hay seguro que cubra la más mínima gestión. Eres al final una especie de vagabundo que implora por atención médica y aunque tienes algo guardado para pagar, nunca es suficiente.

No encontré fotos de la agencia, pero me la imaginaba como la oficina de un hospital, no grande, más bien pequeña, con una recepcionista amable escondida detrás de una ventanilla de cristal. Si tocas el timbre ella abre la ventana, sonríe y tú tratas de husmear qué hay detrás. Me imaginaba un complejo laboratorio lleno de probetas, tubos de ensayo, tanques de acero níquel y grupos de médicos absortos en microscopios electrónicos muy precisos. En el lobby no podrían faltar las fotos de bebés en las paredes y mujeres embarazadas sonrientes con el hombre a su lado que contempla el tamaño de su vientre. Y el doctor que va a manipular los embriones, con su bata blanca de mangas largas, de ilustre profesor, refugiado en sus espejuelos montados al aire, con cara de ocupado suspirando al darte una respuesta, la que uno de veras espera. El doctor tendría al menos más de sesenta años y más de treinta de experiencia y, en su haber, la creación de más de mil niños.

Pero aún no lo había conocido. Sólo había escuchado su voz tranquila y suave, que intentaba convencerme de que mi mejor vía para tener un bebé era a través de la inseminación artificial a la madre sustituta, la subrogación tradicional.

Diana

DIANA TIENE TREINTA años. Nació en California y vive en Oregón. Está casada y tiene hijos, incluyendo unos que abandonó. Para ser más exacto, los entregó en adopción. Ahora quiere ser madre sustituta. ¿Por qué? Ella explica que cuando era muy joven dio en adopción a unos de sus bebés y puede asegurar que su experiencia fue más que positiva y lo podría hacer otra vez. No fue fácil, pero al ver la reacción de los futuros padres con sus nuevos hijos, se emocionó. Quiere ayudar a aquellos que quieran hacer realidad sus sueños de convertirse en padres.

DIANA ME ESCOGIÓ a mí. Tiene un trabajo, pero quiere estudiar computación y diseño de páginas web. Tiene una hermosa sonrisa y un rostro maternal. Sus ojos son de un azul cristalino y su cabello es castaño claro. Es baja de estatura y tiene algunas libras de más. Se nota que lucha con el sobrepeso. Es una mujer saludable. No usa espejuelos o lentes de contacto, nunca ha tenido que corregirse los dientes y jamás se ha sometido a una operación. Es una mujer alegre. Le gusta bailar, coser y le fascina la artesanía. También le gusta visitar viñedos. Dice que tiene un gran sentido del humor, es responsable y tiene un buen corazón. Es extrovertida, aclara.

No tiene ningún problema para concebir. Sus embarazos son sin inconvenientes, los llevó a término y todos fueron partos naturales. Sus períodos menstruales son regulares, cada veintiocho días, y como medida anticonceptiva toma píldoras. Sus exámenes vaginales son normales. Nunca ha padecido de ninguna enfermedad de transmisión sexual. No ha tenido, tampoco, rubéola. ¿Su estado de salud? Excelente.

Diana no sufre de depresión, ni tampoco ningún miembro de su familia. Es más, nunca ha estado bajo tratamiento sicológico o siquiátrico. Los únicos medicamentos que toma son para los esporádicos dolores de cabeza o algún que otro dolor de muela. Jamás ha consumido drogas ilegales. Nunca ha fumado y no toma bebidas alcohólicas, solo de forma esporádica, digamos una vez al mes, aclara.

Sus hijos no padecen, ni han padecido, ninguna enfermedad grave y en su historial familiar nadie sufre de asma, alcoholismo, ceguera, diabetes, hepatitis, mononucleosis, epilepsia, alergias, artritis, sangramiento, obesidad, polio, tuberculosis o presión alta. Su punto débil es la piel. Es muy sensible y tiende a irritarse.

Hace poco su madre murió de cáncer a los sesenta y nueve años. Su padre murió a los cuarenta y cinco años de un derrame cerebral. Las hermanas de Diana están vivas y sanas. Su abuela paterna murió a los ochenta y siete años, el abuelo a los noventa. No conoce a sus abuelos maternos.

Su esposo apoya todas las decisiones que ella toma y está feliz con que Diana sea una madre sustituta. Sus hijos son muy jóvenes para entender el paso que ella está dando. En su trabajo no hay ningún problema con que ella sea madre sustituta. Sus amigos la van a apoyar en todo momento.

Después del parto, en el momento de entregar al bebé, dice que va a estar algo triste, pero que se sentirá muy feliz por los futuros padres.

En las fotos sus hijos se ven felices. Todas las mañanas la familia desayuna en casa. Su esposo deja a los niños en la guardería y ella los recoge al atardecer. Ella prepara la cena cada noche y permite que los niños vean televisión por un par de horas.

La casa es pequeña, en un vecindario lleno de familias. Solo tiene un cuarto. Los niños duermen en la sala. La cocina es amplia y dice que es el lugar favorito para compartir en familia. A ella le gusta cocinar. A sus hijos les encanta su pastel de manzanas y las galleticas de chocolate recién horneadas.

Los sábados van juntos al parque y en la tarde al cine. Los domingos, luego de misa, almuerzan en un restaurante familiar. Con el dinero que obtenga como madre sustituta, unos $20.000, Diana va a estudiar. Quiere prepararse para darle un futuro mejor a sus hijos.

Diana, entonces, será la mujer que llevaría a mi futuro hijo en el vientre. Ella sería también su mamá biológica. No tendría ningún problema en dejarlo ir y entregármelo para que se convierta en mi hijo. Sería mi hijo biológico y legal, y Diana estaría muy contenta al verme feliz y ayudarme a cumplir mi sueño.

Lo que no puedo descifrar, aunque trate de convencerme, es cómo Diana podría dejar ir a un hijo a quien no solo llevó en su vientre, si no que procreó. ¿Cómo le va a explicar a sus hijos que va a entregar en adopción a uno de sus hermanos?

Diana ya lo hizo y estoy seguro de que lo podría volver a hacer, pero trato de entenderla, de ser ella, de pensar como ella. Aunque insisto, no lo logro, no lo entiendo. No puedo imaginar a Diana como la mamá biológica de mi hijo. La mujer que le daría la mitad de sus cromosomas, la mitad de su código genético. Una mujer que dio a sus primeros hijos en adopción. Pero para ser justos, sería también la mujer que donaría su óvulo para crear a mi hijo y lo llevaría en su vientre para luego yo tenerlo en mi vida.

CAMINO DE LA oficina hacia el tren subterráneo, veo en cada rostro femenino que me tropiezo el de una posible madre sustituta. Me fijo en las caderas —deben ser anchas—, en los senos —carnosos, voluminosos—, en el vientre —poderoso— y no dejo de pensar en cómo sería Diana.

Entro a un vagón y frente a mí veo a una mujer de unos treinta años, embarazada —¿o estaba pasada de peso?—, que se sienta y se arregla con discreción su blusa ceñida al cuerpo. Me detengo en cada uno de sus gestos, intento adivinar cuántos meses tiene de embarazo, si fue deseado, si es su primer hijo, si tuvo síntomas durante el primer trimestre, si va a estar capacitada para dar a luz o tendrá que someterse a la recurrida cesárea. La mujer me mira incómoda y yo no me percato de que se ha dado cuenta de que no le he quitado la vista de encima.

La próxima es mi parada y abandono la estación convencido de que Diana sería la madre de mi hijo. De tanto ver sus fotos siento como si la conociera; se ha convertido en un miembro de la familia a quien pronto me sentiré muy cercano.

"Diana, gracias por escogerme". Ella me abraza con ternura y me aprieta con todas sus fuerzas. Repito, "Gracias", y la miro con intensidad. Su vientre ha crecido, se lo acaricia y sonríe. "Es tu hijo, esto que llevo dentro te pertenece". Se despide y se aleja de mí. Se vira y me mira con su permanente sonrisa. Me dice adiós. Cada vez está más lejos. Pero aún la puedo distinguir antes de perderse en el horizonte. "Diana, gracias". Y sé que sonríe y a la vez se siente agradecida. No quiero que desaparezca, quiero seguirla, ir paso a paso detrás de ella para que no se evapore. La pierdo de vista y me despierto.

Soñaba. Era un dulce sueño.

¿Infértil?

AGOSTO

SOY UN PACIENTE más que tiene que esperar. En la sala, un niño se refugia en las piernas de su madre mientras ella trata de reconfortarlo. Un anciano intenta llenar extensos formularios. Una mujer no deja de hablar por teléfono, pasa de una llamada a otra con una contagiosa ansiedad.

Me llaman y paso a la primera ventanilla. Sin mirarme a los ojos, la mujer extiende su mano para que yo le alcance la solicitud de los análisis para el laboratorio remitidos por mi médico.

Su rostro se tensa, abre los ojos y por primera vez me mira como si tratara de averiguar por qué diablos alguien necesita esa cantidad de estudios, el 50 por ciento de ellos relacionados con enfermedades de transmisión sexual. Prepara una etiqueta para cada examen, me los entrega y me dice que pase al salón a la derecha. "Para este", señala el nombre del test con su dedo índice, "tiene que ir a este otro laboratorio", y vuelve a señalar con el dedo.

"Éste" es el examen de esperma, el cual ella no se atrevió a nombrar. Y el otro laboratorio al que se refiere es una clínica

especializada donde me imagino que habrán varios cuartos oscuros, donde hombres solitarios y atemorizados por una respuesta que puede poner en juego su virilidad, tienen que donar su
esperma —o sea, masturbarse— para que un experto lea lo que
tú no quieres oír.

Un hábil flebotomista encuentra del primer intento mi vena y
comienza a extraer sangre como si participara en una campaña
de donación. Uno, dos, tres, cuatro tubos de ensayo… y ahí paré
de contar.

Algo adolorido y sugestionado con mi ahora menos cantidad
de sangre en el cuerpo, vuelvo a pasar por la mujer que primero
me atendió y me sigue con la vista hasta que me alejo de sus pre-
dios mientras se imagina lo que me va a tocar hacer en unas
pocas horas.

Tomé uno de los autobuses que atraviesan Manhattan por el
corazón del Central Park y en el Upper East Side, en el primer
piso de un elegante edificio, encuentro el laboratorio que la mujer
no se atrevía a pronunciar.

Entrego el papel y la recepcionista me hace llenar un cuén-
tame tu vida. Pongo a mi médico de cabecera y me manda
a pasar a un baño —más bien un clóset con un inodoro y un
lavamanos— donde me espera una vieja revista *Playboy* y un
estante lleno de pomos plásticos estériles y sellados con rótulos
verdes donde debo escribir mi nombre, la fecha y mi número de
seguro social.

Como buen paciente, la donación demoró unos pocos minutos, entregué la muestra, la cual ella colocó en una caja plástica
sin cruzarme la mirada.

¿Los resultados? "La semana que viene ya los tendrá su
médico", dijo aún sin hacer contacto visual conmigo.

Ese test era la prueba de que de verdad estaba inmerso en el proceso de convertirme en papá. Había donado mi esperma y el lunes, o a más tardar el martes, tendría los resultados. Estaba feliz y sin proponérmelo comencé a pensar en todas las posibilidades negativas a las cuáles podría enfrentarme. Es un ejercicio involuntario que me prepara para afrontar las más terribles noticias. Lo que sucede es que muchas veces el desenlace nunca tiene que ver con el guión que yo mismo orquesté.

Mi preocupación mayor era que no tuviera espermatozoides, aunque siempre, pensaba para alentarme, cabía la posibilidad de que en la eyaculación no llegara ninguno vivo. Pero un especialista podría ser capaz de rescatar uno vivo de mis testículos, uno aunque sea, porque se necesitaría solo uno para fecundar el preciado óvulo y tenerte a ti, Emma.

Pero no, si nos decidiéramos por Diana sería una subrogación tradicional. Y para eso sería indispensable conseguir más de un espermatozoide para la inseminación artificial. ¿Cuántos? Muchos. ¿La calidad? Óptima. Tendrán que navegar a toda velocidad y ser fuertes y combativos, y romper la zona pelúcida y penetrar el óvulo. Será uno solo el que lo fecunde, pero ese único valiente e intrépido espermatozoide tendría que nadar y nadar junto a miles de colegas antes de llegar a su destino. Y su cabeza tendría que ser perfecta. Y su cola también.

Será un fin de semana largo. En un par de días se decidirá mi destino.

ES LUNES Y llamo a la secretaria de mi médico. Me confirma que los resultados están, pero que el doctor no me puede atender hasta el miércoles. ¿Dos días más? ¿Y no me puede decir si los resultados están bien? ¿Si hay algún problema por el cual preocuparme? Ella, un poco cansada de tener que dar explicaciones de más, corta mi ansiedad con un simple: "Yo no sé leer resultados. No soy médico. Si fuera médico no le contestaría el teléfono. El miércoles podrá hablar con él, y no tengo nada en la mañana. Venga a las tres de la tarde".

¿Por qué llamar a alguien médico de cabecera si en realidad no tienes la más mínima posibilidad de tener acceso a él en el momento en que más lo necesitas, de hacerle una consulta, de tener su teléfono móvil al alcance y sentir que él es el que contesta las llamadas de todos sus pacientes y no una torpe e incapacitada intrusa?

Debería fingir una emergencia e insistir que se ponga en la línea y exigirle que me lea los resultados. Podría aparecerme en la consulta y sentarme en el tétrico y claustrofóbico salón de espera a que atienda a cada uno de sus ancianos pacientes que solo buscan ser recetados con medicamentos para calmar la agonía del innegable deterioro de los años.

La consulta queda cerca de mi oficina. ¿Por qué en vez de llamar a una secretaria que no es médico —por eso contesta el teléfono— no me aparecí y lo esperé a la salida de la consulta para que con el maletín en la mano y hastiado de lidiar con un paciente más viera mi cara de desesperación y se compadeciera de mí? Lo único que pedía era que me dijera: "Todo está bien. No te preocupes. Ven el miércoles a las tres y lo vemos en detalle". O sino, me enfrentaría con lástima y con su brazo sobre mi hombro me miraría a la cara y diría: "No es lo que esperábamos, pero algo resolveremos. Ven el miércoles".

El análisis está allí, en su pequeña consulta en un majestuoso edificio art decó con portones dorados protegido por un fornido portero uniformado que mantiene a raya a intrusos como yo que quieran llegar hasta la oficina de un médico que no recibe a nadie si no tiene una cita previa.

No hay nada que hacer sino esperar dos días más.

PARA ALGUNOS, EL invierno es la estación más terrible e inhumana de Nueva York. Para mí lo es el verano. Crecí en el trópico, viví en Miami, pero nada se asemeja al desagradable calor neoyorquino.

La ciudad apesta. Las estaciones de metro tienen escasa ventilación y carecen de aire acondicionado. Los turistas invaden la ciudad y el malhumor de los que viven en la minúscula isla abarrotada de rascacielos reina como una constante.

Todo el mundo está hastiado. Al menos los que no tienen casa en los Hamptons, o no se pueden refugiar en la riviera francesa, o no pueden pasar el agotador verano en sus villas de Toscana. Mi médico de cabecera es uno de ellos. Él tiene que trabajar los veranos. Suda sin control, incluso en el aire acondicionado.

Te atiende como si te regañara: "¿Qué diablos hiciste ahora? ¿Qué quieres que haga?". Y uno se siente culpable. Culpable de un catarro o de un penetrante dolor de cabeza o de que la piel esté irritada o el pelo se te caiga o que la sinusitis no te deje dormir. Nadie, sólo tú, eres el que causa tus propias miserias. Resuélvelas. ¿Qué quieres que haga un médico que suda y tiene que trabajar los veranos y no tiene casa en las afueras?

Mi médico de cabecera a veces se da cuenta de que se le va la mano y suaviza su tono, te agrede y te pasa la mano. Bueno, pasar la mano es un decir.

Me siento en la camilla y espero como buen paciente a que mi médico de cabecera entre a su oficina, que más bien parece un clóset. Mi historia clínica está en la puerta a la espera de que su mano experta la tome, la hojee y me diga los resultados por los que he esperado sin apenas dormir por días. Las paredes están descascaradas, las mesas de aluminio rayadas y abolladas de tanto uso. Me detengo a leer las partes del cuerpo humano en un afiche descolorido al lado de la pequeña ventana que deja entrar el bullicio incontrolable de la calle y mi médico aparece sudado y cansado como siempre. Sonrío. Nadie dice buenas tardes. Toma mi historia clínica y pasa página por página con rapidez —no puede haberle dado tiempo para leer esa cantidad de números y códigos que solo él puede descifrar y no la secretaria, porque por eso es secretaria y contesta el teléfono.

"Esto está mal. Hay problemas". Me dice, como si nada. Como si yo estuviera preparado o como si yo, que no soy médico, pudiera haber leído mi sangre desde el momento en que me la extrajeron. Yo, quien más si no, el único culpable de que mis resultados tengan problemas.

¿Tengo alguna enfermedad venérea? ¿Estaré infectado con algún virus mortal?

Pasa hoja por hoja y su rostro muestra una mueca de desprecio. Se pone de pie, llama a la secretaria y le pide que cancele al siguiente paciente porque sus análisis no han llegado. ¿Y yo qué? ¿Me deja así, como si fuese un moribundo al que no vale la pena mostrarle una mínima señal de compasión?

Me mira a la cara, como si me gritara un *¿y acaso no lo sabías, imbécil?*

Su silencio me parece una eternidad. No le pregunto nada, solo espero a que él se digne a aclararme cuál es el delito por el que tendré que pagar toda mi vida. Cuál será mi cadena perpetua.

En un instante, todo se ha desmoronado. Yo, un hombre enfermo —iluso yo— que intentaba convertirme en padre. Un hombre que ahora tiene que luchar, sabe Dios contra qué, que había seleccionado y esperanzado a una buena mujer para que donara su óvulo y su vientre para llevar a término su proyecto.

Ahora le tendré que pedir disculpas porque tendremos que detenerlo todo. Ya encontrará a unos padres sanos que quieran tener un bebé con ella. ¿Cómo voy a tenerte, Emma, si no puedo ni ocuparme de mí? Yo, un hombre que hasta el día de hoy se consideraba saludable.

"Con este resultado, no creo que puedas tener hijos. Tu esperma no sirve. Eres infértil".

El vacío

CADA VEZ QUE me enfrento a una entrevista me invade el temor al vacío. Aunque me haya preparado la noche anterior, aunque tenga todas las preguntas concebidas, escritas o grabadas en mi cabeza, uno nunca sabe con qué se va a encontrar. El desasosiego te domina porque no puedes adivinar de antemano cuál será el estado anímico del entrevistado, si va a haber química contigo, hasta dónde podrás llegar con las preguntas y si al final la persona que tienes delante —que alguien ha entrenado para que no se desvíe de lo que tiene programado responder y que ha construido una imagen que espera nadie se la desmorone— va a responderte con sinceridad. Una de mis estrategias siempre es atacar con las preguntas que el entrevistado espera y poco a poco encontrar los elementos, que él mismo te da, para llevar la conversación —trato siempre de que sea un diálogo, no un monólogo— hacia los lugares más íntimos y honestos, que a veces parecen más bien una confesión. Pero existen los expertos en responder lo que nunca les preguntaste. Otros terminan con frases hechas que el público no quiere oír e incluso están los que se toman el tiempo de la entrevista en dos enrevesadas y triunfalistas respuestas de las cuales puedes tal vez, si tienes buena suerte, usar una simple oración. Casi siempre, con el sujeto delante, logras obtener alguna que otra idea interesante, ya sea de la preparación de la entrevista, el lugar donde se desarrolla, el personal que lo atiende o incluso de su lenguaje corporal. Y por supuesto hay buenas y malas entrevistas. Las malas yo siempre las olvido.

Tomo un avión, llego a Miami y antes de registrarme en el hotel voy hasta los estudios de Univisión en el Doral. María Celeste Arrarás me espera. Falta poco para entrar a maquillaje y estar lista para presentar las noticias de *Primer impacto*.

María Celeste está emocionada. Esta no va a ser una entrevista. Ella va a escribir sus impresiones de su viaje a Rusia. Ella, la mamá de Julián, un niño de tres años, está embarazada de cinco meses de una niña y acaba de adoptar otro niño, Vadim, del orfelinato Rayito de Sol, a dos horas de Moscú. La primera vez que María Celeste vio a Vadim fue por Internet. Le enviaron una foto del bebé a través de un correo electrónico; estaba vestido de rosado y pesaba 20 libras. Luego, junto con su esposo Manny, lo fueron a visitar. Vadim llevaba una camiseta con el número seis para que no se confundiera con los otros niños. Su ropa estaba sucia y apestaba a humedad. Compartía su cuarto con once bebés y no estaba acostumbrado a ver hombres a su alrededor. Ahora a María Celeste se le va a cumplir el sueño de tener tres hijos. Está feliz porque además va a salvar de la miseria a un bebé.

DEJO MIAMI CONSTERNADO con la historia de María Celeste y parto para México. Allí me espera Saúl Lizaso para ser entrevistado. En el Casino Español, un imponente edificio de la época colonial en medio del centro de la Ciudad de México, *El derecho de nacer*, la nueva versión del clásico de las telenovelas, está en plena grabación. Saúl, vestido de época, atraviesa con aire señorial los angostos pasillos del Casino, que funciona como su casa en la serie televisiva. En una esquina, Kate del Castillo llora.

Al grito de "¡Corten!", Saúl se desentiende de su almidonado personaje y se me acerca y me da un abrazo. "Vamos para mi camerino". Nos dirigimos a las afueras hasta un tráiler. Saúl está feliz. No solo es uno de los actores más cotizados de Televisa, el imperio de las telenovelas en español, sino que hace catorce meses se convirtió en papá. Su hija Paula es su adoración. Él le cambia los pañales, dice, le da el biberón y hasta se despierta por las madrugadas para consolarle el llanto. Saúl protagoniza una exitosa telenovela y ha sido seleccionado como el hombre más sexy del año 2000 por la revista *People en Español*, pero aclara que su rol más importante hoy es el de papá.

TOMO EL AVIÓN de regreso a Nueva York y al otro día me envían a la Escuela Primaria Clara Barton, en el Bronx. Me espera un grupo de niños de quinto grado. Elvin, de once años, que vive con sus padres en un apartamento en el sur del Bronx, es el capitán de un equipo que juega a la bolsa. Han invertido $100.000 y obtuvieron una ganancia, en unas diez semanas, de $35.000. Los niños, en su mayoría hispanos, se han hecho famosos de la noche a la mañana. En un año podrían convertirse en millonarios. Pero ellos invierten en la bolsa de valores de forma hipotética. Elvin, antes de irse a jugar béisbol, revisa las páginas de negocios del *New York Times* para ver cómo van sus inversiones. Ellos deciden dónde invertir. Sus padres no se explican de dónde les ha salido ese talento de inversionistas, pero se encuentran sumamente orgullosos.

En mi oficina, en el piso treinta y seis del Time and Life Building, comienzo a transcribir las tres historias. No tengo la adrenalina habitual que me dejan las entrevistas. Me siento en un vacío.

Aún tengo en mi bolsillo, doblado en cuatro, el resultado de mi análisis. No he podido hablar del tema con nadie. No me he atrevido a llamar a la agencia y cancelar mi proyecto con Diana. Es como si lo del análisis nunca hubiera pasado.

Tengo en mi buró las fotos de María Celeste con Vadim en sus brazos. En una, ella lo mira con ternura. Tiene un gorrito blanco con mariposas verdes y rojas y su mirada se dirige al horizonte. En otra, ella lo coloca en una cuna. En la que Manny lo alza y lo sostiene en el aire, María Celeste está radiante de felicidad. Vadim la mira como si él supiera que su martirio ha llegado a su fin. Ahora va a tener un hogar y María Celeste va a tener su segundo hijo.

Saco el análisis del esperma y trato de descodificar los números que se leen en millones, los porcentajes, los datos sobre la morfología, la movilidad. No entiendo nada. Sé que esas cifras quieren decir que no estoy apto para tener un hijo. Que jamás podré fecundar el embrión que me iba a donar Diana. Que jamás mis espermatozoides podrán navegar hasta las trompas de Falopio. Ninguno podrá jamás atravesar el intrincado y complejo camino hacía el fresco, saludable y perfecto óvulo de Diana. Jamás podrá perforar las paredes del óvulo y compartir su código genético con el de Diana para comenzar el proceso de crearte.

Ese era mi destino. Estaba escrito y yo no lo sabía.

Miro la tierna cara de Vadim y pienso en todos los niños que esperan ansiosos que unos padres bondadosos y valientes se arriesguen a rescatarlos. Vadim es un niño con suerte. María Celeste es una mujer con suerte. Ese era el destino de ambos. El mío me acaba de llegar como una sonora bofetada.

¿Era una de mis imperfecciones genéticas o era yo el culpable de mi fortuna? ¿Habría sometido a mis testículos a extremas temperaturas que mermarían mi fertilidad hasta convertirla en nula? ¿Mi obsesión por bajar de peso y someterme a extenuantes baños de vapor serían la causa? ¿Las largas horas con la computadora portátil sobre mis piernas habrían drenado mi facultad de producir espermatozoides sanos?

"Con un resultado así, no hay posibilidades de una inseminación artificial". Esa fue la respuesta directa del médico de la agencia de Oregón. "No creo que sea posible que logremos un óvulo fecundado".

¿No cree o está seguro? ¿Vale la pena insistir? Adiós, Diana. Adiós, Oregón. Ya no tendré que viajar y no conoceré Portland. Ya no nacerás en el otro extremo del país. Bueno, al parecer mi hijo ya no nacerá.

El infarto

ABRIL DE 2002

SON LAS DOCE de la noche y Gonzalo duerme. Termino un pote de helado de té verde y me quedo dormido. A las tres de la mañana me despierta un constante dolor en la boca del estómago. Voy a la cocina y me tomo un vaso de leche. El dolor continúa. Voy al baño y el dolor no se apacigua. Mi mandíbula inferior comienza a entumecerse y el dolor se extiende al brazo derecho. Comienzo a hacer ejercicios de estiramiento. Me levanto de la cama, me siento, camino, me vuelvo a acostar. Son las seis de la mañana y el dolor se ha intensificado. Gonzalo me ve desesperado y ofrece buscarme un Zantac en la farmacia. Me tomo una tableta, el dolor desaparece casi al instante y me quedo dormido.

En la oficina, llamo a mi amiga María, en Miami, y le cuento sobre mi extraño dolor. ¿Acaso lo soñé? María es mi conciencia. "Debes llamar a tu médico", me dice.

Mi médico de cabecera, ahora, es un mexicano graduado de Harvard que tiene su consulta en el Upper West Side, en el mítico edificio Oliver Cromwell, frente al legendario Dakota.

Mi nuevo médico de cabecera es paciente y aparenta tener todo el tiempo del mundo para mí. "Si te tomaste un Zantac y se te quitó debe haber sido una indigestión. Ven mañana". Por lo visto, no había sido nada de urgencia.

Al otro día, mi amable médico de cabecera me ausculta, me toma los signos vitales y me hace un electrocardiograma. Analiza con detenimiento las curvas peligrosas en la larga tira de papel cuadriculado y me recomienda ver a un cardiólogo. "Hagamos un análisis de sangre". Llama a la oficina del otro médico y me pide un cita de urgencia.

En la sala de espera todos tienen caras de cansados. Los pacientes tienen más de sesenta años. ¿Qué me habrá pasado? ¿Me habrá fallado el corazón? No fumo, no bebo, no consumo drogas. Bueno, tengo sobrepeso…

Me hace un ecocardiograma y me cita al otro día en la tarde para completar unos estudios para ver cómo están mis arterias.

Vuelvo a su oficina y mi médico de cabecera, con su habitual paciencia y dedicación, pretende calmarme. "Hay una buena y una mala noticia, ¿cuál quieres escuchar primero?". Por supuesto que la mala, entonces me dice: "Tuviste un pequeño ataque al corazón. Las enzimas están un poco alteradas. La buena noticia es que no hay daño. No hay ningún coágulo en el sistema".

Lo que me faltaba. Mi esperma es un desperdicio y mi corazón ha decidido que no quiere trabajar más.

Mi destino estaba más que escrito. Regreso al cardiólogo que me recibe con su juvenil sentido del humor. "¿Quién se lo iba a imaginar? Vamos a investigar qué pasó". Siguen los tests radioactivos, los electros de esfuerzo, las placas.

Mi mamá se asusta. Quiere tomar el primer vuelo de Miami a Nueva York, pero no se lo permito.

"Con los resultados que tenemos hay dos opciones", me dice el cardiólogo, "o te pongo bajo medicamento de por vida para mantener las arterias destapadas o hacemos un cateterismo para confirmar si hay necesidad o no de operar, o si es que podemos destapar si hay obstrucción o por lo menos ver con exactitud qué te pasó. Los análisis que hemos hecho hasta ahora tienen un margen de error y no nos dan ninguna seguridad".

Los medicamentos de los que él habla, pueden mantener saludable al corazón por unos años pero pueden comenzar a dañarte el hígado o los riñones. Me siento un discapacitado. ¿Por qué a mí si en mi familia no hay nadie que padezca del corazón, mis padres están vivos y sanos y mis abuelos murieron ya viejos?

El cateterismo es la respuesta y lo que nos daría el nivel de gravedad o no de mi situación. A Eduardo, un compañero de la oficina, un simple dolor constante en el codo lo llevó a un triple baipás luego de un cateterismo que resultó en que tenía varias arterias obstruidas. Así que a corazón abierto, Eduardo tuvo que soportar que le quitaran venas de sus piernas y se las transplantaran a su débil corazón.

¿Necesitaré un baipás? ¿Cuán obstruidas estarán mis venas?

Me decido por el cateterismo y mi mamá llega al otro día. Parezco un moribundo. Camino con lentitud y precaución, y evito cualquier estímulo para no agitar mi corazón que al parecer decidió detenerse por unos segundos. Evito comer cualquier tipo de grasa y trato de mantenerme todo el tiempo en la cama.

Ya en el Hospital de Nueva York, paso a la camilla preoperatoria no sin antes firmar los documentos que aclaran los peligros del cateterismo. Puedo morir al instante y ellos no son responsables.

Comienzan a insertarme la aguja en la ingle por donde introducirán un catéter que inundará mis arterias con un medio de contraste. No puedo dejar de llorar. El enfermero se sorprende al ver mi estado de depauperación emocional. "Me lo hago todos los años, y ya en dos ocasiones me han tenido que destapar un

par de ellas. No es nada". Él no entiende que esto es el fin de un
proyecto. No es por lo que me vaya a pasar sino por lo que me
dejará de pasar.

Me llevan al salón de operaciones y mi mamá y Gonzalo esperan afuera.

El doctor inserta el catéter y me explica que cuando el líquido
pase a la circulación coronaria voy a sentir una frialdad y acele-
ramiento en los latidos del corazón. Con este procedimiento, si
se encuentra una arteria coronaria obstruida utilizarían un balón
inflable para destaparla.

Sobre mí, varias pantallas de televisores en blanco y negro
comienzan a mostrar mi interior. El médico le explica a su
equipo, no a mí, cuáles son las arterias, el corazón… El líquido
comienza a teñir las diferentes ramificaciones que llegan hasta
el corazón que no ha dejado de latir, al menos en la pantalla.
El bombeo se amplifica y yo me escucho a mí mismo, como si ya
me hubiera muerto y estuviera frente a la película de mi vida. El
médico explica, a sus asistentes, no a mí, que mis arterias no solo
están destapadas, sino que más que saludables y anchas, con espacio suficiente para que circule bien mi sangre. ¿Y mi ataque al
corazón? "No creo que hayas tenido ningún ataque al corazón".

Y otra vez el "no creo". ¿Por qué no dicen: "No has tenido un
ataque al corazón"? Tienen que usar el "no creo".

De pronto, otra decisión que debo tomar en un segundo.
Tengo dos opciones, o me dan un par de puntos por donde me
introdujeron el catéter, lo que implica que la recuperación será
más lenta, o me ponen un tapón, con el que la recuperación sería
inmediata. Ese "tapón" es un proceso experimental que puede
provocar que se forme un coágulo, que a su vez puede llegar a
los pulmones, al cerebro o al corazón. "¿Qué me recomienda?",
le pregunto al cardiólogo. Me contesta sin titubear: "El tapón".
Y me voy con el tapón.

El médico les informa a Gonzalo y a mi mamá que salí bien. En la consulta con el cardiólogo, las dudas siguen. "Bueno, no tienes nada. Puede haber sido un espasmo, puede haber sido un cambio de temperatura brusco. Puede haber sido un virus o una bacteria, pero para saberlo con precisión tendríamos que hacer una biopsia del corazón, el cual es un procedimiento aun más invasivo".

Se acabaron las pruebas. Hasta el día de hoy, nunca he sabido qué me pasó.

Mi médico de cabecera, que de alguna manera se siente algo culpable por no haberme recibido al llamarlo con la historia del dolor en la boca del estómago, se ha vuelto aun más paciente conmigo.

"No me habías dicho que estabas en el proceso de tener un hijo".

Le cuento de la agencia de Oregón, de Diana, de mi médico anterior y el olvidado análisis de semen, y me da una luz de esperanza, tal vez compadecido por mi episodio cardíaco. Cada donación de esperma es distinta. El esperma se renueva cada tres meses. Me aconseja que vaya a un urólogo y me haga un estudio profundo y que sea él quien me diga qué debo hacer. A veces unas varicoceles en los testículos pueden ser la causa. Y el remedio es una sencilla operación.

ANTES DE COMENZAR a preocuparme por mis rezagados testículos tenía que recuperarme del corazón. No había sido fácil. Así que, convencido de que podría existir una posibilidad, seguí detrás del rastro de las agencias de madres gestacionales en Nueva York, Nueva Jersey, San Francisco, Los Ángeles, La Jolla, San Diego y Boston, pidiendo información y catálogos. Así comenzó una larga correspondencia electrónica con mujeres desconocidas que ofrecían servicios de madres gestacionales y de donantes de óvulos.

Después de todas aquellas señales, la búsqueda era más bien el único fin. Todavía no estaba decidido a someterme a otros estudios invasivos para luego encontrar respuestas que no quería oír.

La hora de la verdad

JOAN LUNDEN, DE cincuenta y dos años, está a la espera de que nazcan sus hijos gemelos. Joan es la ex presentadora de Good Morning America, de la cadena ABC. Pero Joan no está embarazada. Una madre gestacional lleva en su vientre los bebés creados con una donante de óvulos y el esperma de su marido, de cuarenta y cuatro años. Joan no es infértil. Tiene tres hijas de quince, veinte y veintidós años, de un matrimonio anterior. Su esposo actual, el dueño de un campamento de verano para niños, no tiene hijos. Ella ha decidido recurrir a una madre gestacional para tener a sus hijos, que nacerán en junio.

VUELVO A MI paciente médico de cabecera y le digo que es tiempo de acción. Me remite a un estudio de mis testículos y todo sale normal. "Tus varicoceles son mínimas, no hay necesidad de operar, y ellas no son la causa de ninguna infertilidad", me explica.

Llega la hora de la verdad. El urólogo ordenó un análisis

completo de mi esperma y sin preámbulos, me iluminó: "Para que tú tengas un hijo, lo único que necesita tu médico es *un* espermatozoide sano. Y tú tienes millones. Ellos sabrán seleccionar cuál es el mejor. Así que no te preocupes y comienza el proceso".

Quedé estático. No sabía si darle las gracias, abrazarlo, echarme a reír o llamar a todo el mundo y decirle que iba a tener un hijo.

En un segundo reproduje todos los errores que había cometido. Quién me lo había recomendado y por qué y cómo pude aceptar la resolución del otro médico como si fuera la palabra de Dios. ¿Por qué no dudé, o si dudé no tuve la determinación de buscar una segunda opinión? ¿Por qué acepté que era un hombre infértil si no existía ninguna razón lógica o hereditaria o un accidente que lo sustentara? Trato de encontrar señales en el camino. Pero a veces, te tropiezas con ellas, te detienen o incluso te golpean y uno las ignora. Es más fácil —y uno está más abierto a ello— descubrir las señales que queremos encontrar y no las que en sí ya existen. Las que nos sorprenden o implican un desvío del camino que deseamos generalmente las ignoramos y atravesamos como si fueran transparencias.

Las señales, tendría que haber visto las señales. ¿Pero cuáles? Que uno nunca debe quedarse con la primera opinión. O tal vez era yo el que no estaba listo. Mis finanzas no eran las adecuadas para dar un paso tan drástico y establecer el compromiso legal y genético de tener un hijo con una madre sustituta.

¿Acaso era Gonzalo el que no quería? Él estaba más que convencido, al menos eso creía yo. Era algo que ambos habíamos discutido por años. Era un proyecto de los dos.

Mi cabeza se llenó de preguntas y comencé a sentir que salía de un hiato de cuatro años. Estaba varado en un vacío, en el cual no sabía si había caído y del que nunca hubiera salido si no fuera por mi médico de salvación, el de cabecera, el paciente, o por mi supuesto infarto o por la gracia divina de un médico que me dijo que solo uno, solo un valiente espermatozoide se necesitaba para fecundar el óvulo con que se comenzaría a formar la vida de mi hijo. ¿Acaso no lo sabía? ¿No lo había leído?

¿Sentí odio? No lo recuerdo, ya que trato de olvidar lo que me trae dolor. ¿Estaba arrepentido de mi pérdida de tiempo? Cuatro años, cuatro años tirados al vacío.

No fui capaz de llamar a mi mamá, a mi hermana o correr e ir a ver a Gonzalo a su trabajo, interrumpirlo para gritarle: "¡Llegó el momento, ahora sí, de buscar en serio a mi hijo!".

De vuelta a casa atravesé el Central Park por la calle 72, desde el East Side. Quería caminar. Tomarme mi tiempo para procesar la buena noticia. Llegué hasta las terrazas de la fuente Bethesda, en el corazón del jardín público más grande de la isla. Me detuve a contemplar el lago, los turistas, los incansables corredores, los edificios que sobresalen en la avenida Central Park West. No hay vista que relaje más en el parque que ese apacible lago. No sé si serán las arboledas de las Ramblas o el agua mansa o el ángel que preside la fuente. Es el ángel de las aguas, diseñado durante la mitad del siglo xix por Emma Stebbins. Emma, me encanta el nombre de Emma. Es corto, tiene una sonoridad redonda, se pronuncia igual en inglés que en español.

Bajé a la plaza, le di una vuelta a la fuente y me detuve a observar todos los detalles del ángel de bronce hasta que descubrí que lleva un lirio en su mano izquierda. En la base del ángel, cuatro querubines representan la paz, la salud, la pureza y la moderación.

Me sentí en armonía y me vino a la memoria el médico cuyo nombre olvidé. Pero no lo recordé en su oscura y angosta oficina. No. Lo recordé en un modesto e iluminado restaurante en el distrito del teatro, una noche mientras cenábamos Gonzalo, mi amiga Cristina y yo. Al otro extremo del restaurante, el médico nos saludó, sonreímos y nos envió de regalo con el camarero una botella de vino italiano. En la etiqueta de la botella, en grande, el año de la cosecha: 2000. Tomamos un par de copas y al salir le dimos las gracias.

Solo esa escena me vino a la memoria y ese fue y será mi último recuerdo de él.

La segunda agencia

MARZO DE 2004

En el vuelo de Nueva York a Los Ángeles, una mujer, de unos sesenta años, se sienta a mi lado. Desde el momento en que alguien te saluda y te hace cualquier comentario, ya sea sobre la temperatura o sobre el libro que lees o sobre cuán lleno está el avión, sabes que te tocó un compañero de vuelo hablador. Al viajar, prefiero el silencio. Me gusta leer o pensar o dormir. Pero no me gusta entablar un diálogo.

Es su primer viaje al oeste del país para conocer Hollywood, me explica la mujer habladora que se me sentó al lado. Se va a reunir además con su hijo, su nuera y su nieta, que viven en San Francisco desde hace dos años. Aunque han ido a visitarla a las afueras de Nueva York donde vive, es la primera vez que ella decide volar al otro extremo del país.

Por el camino que tomaba la conversación, me imaginé que no iba a poder leer mi libro u organizarme antes de llegar a Los Ángeles. Gracias que la mujer anticipó la pregunta que yo pensé iba a dejar para el final: "¿Y a qué vas a Los Ángeles?".

Nunca he sido más explícito. "Tengo una cita en Growing

Generations, una agencia que brinda el servicio de madres gestacionales y de donantes de óvulos, para iniciar el proceso de tener un hijo. Mañana tengo que donar el esperma, lo analizan, lo almacenan y con la donante de óvulo a mano prepararemos el embrión. Luego lo transferimos a una madre gestacional y con la gracia de Dios a los nueve meses seré papá".

La mujer sonrío y no me volvió a dirigir la palabra durante las más de cinco horas de vuelo.

Sí, seleccioné Growing Generations. La decisión fue simple. Es una de las agencias más grandes del país y una de las más antiguas. Fue fundada por una mujer que con su pareja —otra mujer— tuvo un hijo. El otro dueño es un abogado especializado en fertilidad asistida, que tuvo a sus hijos con la ayuda de una madre gestacional.

Las oficinas de la agencia no estaban escondidas en un rincón de la ciudad, como algunas, o en la casa de la dueña, como otras. Growing Generations se erguía en el corazón de Los Ángeles, en una de sus arterias más conocidas y lujosas, Wilshire Boulevard. Hasta ese momento nunca habían tenido una demanda legal y, lo más importante, trabajaban con cualquier tipo de familia, ya fueran matrimonios o mujeres u hombres solteros sin importarles la orientación sexual.

Antes de viajar, y después de mi primer acercamiento telefónico, recibí un correo electrónico de Teo, uno de los ejecutivos de la agencia, con un estructurado y cronometrado itinerario para mi visita. Lo primero que tenía que hacer era llenar el clásico y extenso cuestionario diseñado para los futuros padres. Esta vez fue más fácil porque usé como modelo el mismo que le había entregado a la primera agencia de Oregón. Ese cuestionario debía estar en poder de la agencia antes de mi viaje. El día de la cita debía dirigirme primero a un laboratorio para donar mi esperma, que analizarían y congelarían para su posible uso posterior.

Una hora y media más tarde, me recibiría el equipo de Growing Generations, incluyendo la presidente, quienes responderían a todas mis dudas.

En su correo electrónico estaban las instrucciones para la donación en el laboratorio. Si el método era fertilización in vitro, o sea, con una madre gestacional, el semen podía usarse de inmediato. En el caso de que el proceso fuera a través de subrogación tradicional, donde la madre sustituta es inseminada artificialmente, el médico podía imponer una cuarentena al semen. Y en letras mayúsculas y subrayadas, una advertencia: para la donación había que abstenerse de tener relaciones sexuales o masturbarse por no más de cinco y no menos de tres días.

Listo para el procedimiento y con todos los requisitos cumplidos, llegué al laboratorio. Para mi sorpresa, no era como los laboratorios a los que estaba acostumbrado en Nueva York. El salón de recibimiento, con sofás alineados de color arena, donde predominaban la madera y el cristal, estaba ambientado como un *spa*. La luz era indirecta y todos los presentes aparentaban estar relajados, como si esperaran por un placentero masaje. Nadie se saludaba, no había contacto visual alguno.

Escucho mi nombre y la enfermera me pasa a un amplio salón privado donde para mi sorpresa había una variedad de vídeos que satisfacían todas las preferencias sexuales. Otra vez me entregan el pomo plástico sellado con la etiqueta y me aclaran que "al donar el espécimen tengo que tener el extremo cuidado de mantener el interior del frasco estéril". Así que manos a la obra y listos para todas las artimañas para no contaminar con elementos extraños la vasija encantada.

Seguro de que en esa donación, donde encontraría millones de espermatozoides sanos, seleccionarían con destreza al valiente o a los valientes que fertilizarían a los omnipotentes óvulos, me fui erguido a conquistar Growing Generations.

No es que tuviera una idea preconcebida de las agencias, pero resultó que no era como me la imaginaba. No sé por qué pensé encontrarme con un espacio diseñado más como una guardería infantil, lleno de mujeres, en el que te atienden sorprendidas de lo valiente que eres por tomar la decisión de convertirte en padre a través de una madre gestacional. Pensé que hablaríamos de mi trabajo, que me contarían anécdotas, que me mostrarían fotos de los niños recién nacidos con la ayuda de la agencia, que entrarían cada diez minutos llamadas de emergencia porque alguien había roto la fuente.

Pero la realidad es que sentí como si estuviera en un banco —no había nadie más que yo— por abrir una importante cuenta o firmar un contrato de arrendamiento de un auto del cual —después del compromiso sellado— no iba a poder salir por un par de años.

Me recibió la persona que coordina la búsqueda de las madres gestacionales y luego la persona responsable del banco de óvulos. Alguien me dio un recorrido por los diferentes salones donde había pequeños cubículos con computadoras en las que, después de que firmara, podría navegar por la base de datos para encontrar a quienes serían la madre gestacional y la donante de óvulo que me ayudarían a tener a mi hijo.

Stuart, otro de los ejecutivos, elogió mis zapatos, me imagino que todos se percataron de mi nerviosismo, y llegó el momento de conocer a la presidente. Gail había tenido a su hija a través de inseminación artificial. El hermano de su pareja había sido el donante de esperma.

Su voz era apacible, una mujer relajada, podría decir maternal, con huellas de los partos en su cuerpo. Al menos así parecía. Ella sabía cómo tratarme, cómo ayudarme, porque ella sabía todo lo que había tenido que pasar para llegar hasta donde estaba. Y me insistió que este era el lugar correcto, la agencia correcta para que yo tuviera a mi hijo.

Luego me recibió Teo, para discutir un elemento que hasta ahora habíamos ignorado en todas las conversaciones: las finanzas. Con el contrato firmado debería de depositar un cheque de $90.000. Mi cara debió haber reflejado mi estupor. No porque no sabía cuán costoso era todo el procedimiento, sino porque la agencia requería todo el pago por adelantado, algo que yo no estaba en condiciones de cumplir.

Me aclaró, además, que podía ver la base de datos antes, pero que podría haber una lista de espera para lograr mi compaginación con la madre gestacional, al igual que con la donante de óvulos.

Antes de despedirme, me entregaron una lista de clientes, convertidos en padres y satisfechos con la agencia, para que me contaran sobre sus experiencias en caso de que tuviera dudas. Me marché de Los Ángeles en estado de terror.

De vuelta en el avión, me monté ansioso de ver si la mujer, que necesitaba un interlocutor en el viaje de ida, estaba en el mismo avión de regreso. Me urgía encontrar a alguien que hablara, más bien que no dejara de hablar, para no tener que pensar en cómo buscar en menos de una semana $90.000. Mi compañero de viaje esta vez estaba tan ensimismado que ni levantó la vista cuando le pedí permiso para ocupar mi asiento. Era el compañero ideal que siempre ansié en los vuelos, pero no para esa ocasión. Fue un vuelo largo, donde no pude leer, dormir y ni siquiera cerrar los ojos. Pero tenía la ligera intuición de que ya había dejado el primer granito de arena para tenerte, Emma.

Llegué a Nueva York convencido de que no hay una estación más bella que la primavera.

REBECCA, UNA DE nuestras editoras en la revista, anuncia que está embarazada. Tendrá gemelos.

Un proyecto de por vida

ME OBSESIONAN LOS proyectos. Mi amigo Herman a veces me saluda con la pregunta: "¿Y en qué proyecto estoy hoy?".

Tal vez por eso he sobrevivido más de una década en una revista de entretenimiento. Cada mes es como comenzar de nuevo, buscar un tema, seleccionar una portada, probar varias imágenes hasta que la definitiva domina la mesa de edición. Durante el cierre editorial, antes de que las páginas sean enviadas a la imprenta, ya estoy inmerso en un nuevo proyecto para el próximo mes, o para el siguiente, o para el que necesito para finalizar el año que apenas ha comenzado.

Soy de los que disfruta más el proceso que los resultados. Si voy a comprar una computadora, una cámara fotográfica, un televisor, una máquina eléctrica de afeitar, dedico días, semanas e incluso meses a investigar qué me ofrece el mercado. A veces he comprado la máquina de afeitar, después de estudiar todas sus posibilidades y luego de probarla por un par de días la devuelvo. Intento otra marca y a los pocos días la regreso a la tienda de donde salió. Repito ese mismo proceso con otra máquina y la ironía es que las pruebo y devuelvo para terminar con la primera que compré. Y Gonzalo, por supuesto, no lo entiende, se da por vencido y me deja con mis obsesiones.

Con los equipos de música el trabajo es doble. Abrir las cajas, acomodarlos en el salón, probar el sonido y la reverberación con las paredes y los muebles, no quedar satisfecho, volverlos a empacar y repetir la hazaña con otro equipo.

El día que decidí tener un perro en Nueva York, la investigación me llevó a un English Bulldog. Encontré uno hermoso, blanco y de tres meses en Tennessee. La granja estaba a cuatro horas del aeropuerto. La selección, el envío, recogerlo en la sección de carga del aeropuerto Kennedy, fue desgastador. Herman me aclaraba: "Esto no es una máquina de afeitar, después de recibirlo, no lo puedes devolver". Y no lo devolví. Paco, el English Bulldog, vivió con nosotros durante seis años.

Y Herman me repitió la misma frase al ver que la búsqueda de Emma había finalmente comenzado.

Pero un hijo es un proyecto infinito, que comienza desde el mismo día en que decides tenerlo. Cada día es una sorpresa, una investigación, una evolución. Cada etapa es como enfrentarte a lo desconocido. Son varios proyectos que en un punto convergen.

A LA PRIMERA que llamé fue a mi mamá en Miami: "Hemos decidido que vamos a intentar tener un hijo". Silencio. Esos segundos me parecieron eternos. La sentí respirar profundo y me contestó con un "Ay, mijo", que no sé si era de lástima porque comenzaba un proyecto que podría no concretarse o porque yo no sabía en qué aguas me movía, o porque los hijos son siempre un dolor de cabeza. "Habla con tu hermana", fue su salida.

Sahily, mi hermana, fue más directa. "Estás loco. ¿Tú estás seguro?". Más que seguro. Ella no entendía que desde el año

2000 yo estaba en un proceso que se había detenido y que había vivido hasta este momento con la amarga sensación que deja el fracaso. Ahora había encontrado el camino y sentía que los obstáculos, al menos los que tenían que ver conmigo, habían sido vencidos. Tal vez ella se vio embarazada a sus veinticinco años, luego engañada, separada y divorciada. Seguramente revivió en un segundo los terribles dolores de parto, la llegada de Fabián, el día que se lo llevaron a una incubadora de rayos infrarrojos para la ictericia, sus crisis de asma recién nacido, su lucha para escaparse con él de Cuba y unirse a nosotros en Miami, los desvelos para que estudie, las batallas en la escuela. Pero Fabián siempre ha estado ahí, un niño hermoso y saludable, incondicional a ella y ella a él, juntos, en un intercambio de amor y apoyo constante.

Corté la conversación y no busqué razones ni por qués para explicar esas respuestas. Tampoco lo hice con las de Herman, que también pensaba que habíamos perdido la razón. Tal vez él no podía imaginar un niño en mi sala minimalista, monocromática, donde no había una sola señal de que hubiéramos tenido la lejana idea de convertirnos en padres o que sobreviviríamos al caos de los colores, los juguetes y el llanto de los niños.

Cuando le dije a mi sobrino Fabián, le nació pensar en el futuro: "¿Qué le van a decir a los niños dentro de unos años?". Habla en plural. Ahora el que se asusta soy yo. "¿Le van a contar cómo fueron concebidos?". Y en seguida camba a un: "Genial, voy a tener un primo".

Esa noche me llamó mi mamá y con su voz firme me sorprendió con un "Vamos a apoyarte en lo que tú decidas".

Aun así, sentía en su voz cierto temor, ligeros matices de lástima y desconfianza a lo desconocido. Era difícil, lo entiendo, imaginarse un proceso que yo explicaba en una oración, pero que ni ella, ni tal vez yo mismo, comprendía a plenitud.

Ya no me sentí rechazado. Había dejado al descubierto mi

secreto y ahora podía hablar con todo el mundo sobre lo que se me avecinaba.

Decidimos llamar a Esther, la mamá de Gonzalo, a Cuba. No tenía la menor idea del proceso en que estábamos. Al oír a su hijo se puso feliz. Yo estaba en el otro teléfono, ansioso. Esther comenzó a contar sobre sus visitas al médico, sobre la vecina enferma, las medicinas que necesitaba, sobre su viaje a Italia. No paraba de hablar y no nos daba la oportunidad de decirle cuál era la única razón de aquella llamada. En un momento Gonzalo la interrumpió: "Vamos a tener un bebé. Va a ser un bebé probeta. Una mujer va a llevar el embrión en su vientre". Silencio.

"¿Pero ustedes se han vuelto locos?", fue su reacción.

¿Por qué será que todo el mundo relaciona el nacimiento de nuestro bebé con la cordura?

"La situación está muy mala en Cuba. Aquí las cosas andan muy mal".

"Pero nosotros no vivimos en Cuba. Vivimos en Nueva York, trabajamos en Nueva York y sí, queremos tener un hijo", le explicamos.

"Y entonces, ¿cuándo va a nacer?"

"No sabemos, Esther. ¿En un año, en año y medio, en dos? Ya comenzamos y sé que todo va a salir bien. Que vamos a encontrar a una madre gestacional maravillosa que nos entregará feliz el bebé que nos pertenece", le respondí.

"Bueno, si ya lo han decidido... Pero allá las cosas también andan mal. Todo anda mal. Piénsenlo bien".

"Sí, lo hemos pensado más que bien. Hemos tenido cuatro años para procesarlo. Eso que usted ha oído en menos de un minuto nos costó años entenderlo. Sí, queremos tener un hijo y usted lo va a adorar".

¿Cómo se habrá quedado Esther después de colgar el teléfono?

SOBRE MI BURÓ, desplegué una vez más todos los *dossier* de las agencias que había contactado durante los últimos cuatro años: qué estado brindaba la mayor protección legal para futuros padres en proceso de subrogación; qué agencias tenían más prestigio; qué debía tener en cuenta a la hora de seleccionar una agencia, si había sido creada por antiguas madres gestacionales, formada por abogados especializados en la subrogación o fundada por médicos de reproducción asistida. Estaban las que solo trabajaban con parejas casadas. Otras no aceptaban hombres solteros, pero mujeres sí. Otras no trabajaban con gays. Otras se especializaban sólo en gays.

Demasiada información. Cada segundo que pasaba me convencía más y más de que había tomado la decisión correcta, que el viaje a Los Ángeles no había sido en vano. No estaba dispuesto a enfrentarme a la posibilidad del rechazo por parte de una agencia por no estar casado o por mi preferencia sexual.

Me fui a la cama y traté de dormir. Mañana sería otro día, con nuevos proyectos que vienen y van, y este único que sería de por vida.

Todo cambia

COMPRÉ MI APARTAMENTO en el Upper West Side de Manhattan durante el verano de 2001. El año más terrible en la historia de la ciudad que nunca duerme. No era un apartamento de lujo, pero tenía todo lo que uno sueña para vivir en esta isla: una buena ubicación, amplitud y luz. Mi apartamento, para los estándares de la ciudad, sobrepasaba esas pruebas.

Pero ese año en que compré el apartamento, con la seguridad de que había hecho una excelente inversión, un acto terrorista destruyó las torres gemelas. Ese día todo cambió: la ciudad y los que vivíamos en ella.

Años más tarde, la ausencia de las torres es el indeleble recuerdo de aquel nefasto 11 de septiembre, pero la ciudad y nosotros sobrevivimos. También mi inversión. Era lo único que tenía, no soy de los que ahorran, pero sí de los que no se endeudan.

Ahora, durante aquel 2004, para dar el próximo paso, todo lo que tenía que hacer era poner en venta el apartamento. Sin dudas, un proceso que tal vez me tomaría dos, tres o a lo sumo cuatro meses, pensé. Tenía que encontrar los $90.000 para iniciar el proceso. Una posibilidad era comenzar con el respaldo de las tarjetas de crédito, que no uso con frecuencia, las cuáles me permitirían sacar dinero en efectivo, sin importar el interés porque, al venderse la casa, podría liquidar la deuda.

Otra variante era ver qué banco me daría una línea de crédito contra el valor de mi apartamento e igual, al venderlo, finalizar el préstamo.

Aunque esta última era la vía más práctica, podría tomar más de un mes, no por la respuesta del banco o por cuánto se hubiera revalorizado mi apartamento en esos tres años, sino porque vivíamos en una cooperativa donde una junta tiene que aprobar toda transacción financiera que tenga que ver con el valor de la propiedad.

Así comencé el agobiante laberinto de documentos para solicitar la línea de crédito del banco y me inundó una sensación de pánico.

Retumbaba en mi cabeza la voz de Teo: "Noventa mil dólares". Dos o tres segundos bastaban para que él pronunciara "noventa mil dólares". Y yo se lo hice repetir; era demasiado dinero para abarcarlo todo en solo un par de segundos. No me atrevía a pronunciar la cifra en voz alta, pero todos esos ceros reverberaban en mi cabeza.

Mientras firmaba los documentos legales para extraer quirúrgicamente esos $90.000 de mi apartamento, sentía que la casa que me había acogido todo este tiempo y que llamaba mi hogar, iba a ser sometida a una complicada operación para despojarla de uno de sus órganos vitales.

Entregaría "noventa mil dólares" a un hombre con el que sólo había compartido acaso una hora, quien luego lo colocaría en una gaveta de un buró hasta que pasara a las arcas de una agencia que se comprometía, pero no garantizaba —eso lo repetían como para que me quedara más que claro—, que yo me convirtiera en papá.

¿Qué harían al recibir el cheque y dejar estampada mi firma

que les garantizaba que trabajaría con ellos? ¿Quizás sus rostros impasibles romperían en algarabía y saldrían a celebrar porque uno más había caído en la trampa?

Me imaginé con una deuda vitalicia de $90.000 —no podía borrar la cifra de mi cerebro— y aún sin bebé, ensimismado en un proyecto que jamás cuajaría. Y en medio del caos ilusorio en que estaba recibí la llamada de la agencia que me dio el impulso esperado para continuar la búsqueda de los $90.000.

"Los resultados del análisis de esperma están bien. Con eso podemos trabajar". Me aseguraron que la presidente estaba segura de que podíamos firmar el contrato. ¿Bien? ¿Pero cuán bien estaban esos resultados? Quería verlos, hacer una copia, leerlos todas las noches para que ningún número se me olvidara.

Y entonces llegó el análisis, el más detallado de todos los que había recibido. La donación se realizó a las 9:12 a.m. (siempre se recomienda que se haga lo más temprano posible) después de una abstinencia de tres días. El color era claro y la licuefacción de quince minutos. El pH seminal, el volumen de la eyaculación y la concentración de esperma estaban en los parámetros normales. Se lograron 95,76 millones de espermatozoides con un 60 por ciento de movilidad. El informe seguía con detalles de la hiperactividad y la velocidad progresiva de los espermatozoides. Ya en la zona de la morfología, los resultados no eran tan promisorios. Algunos tenían las cabezas amorfas, otros tenían defectos en la cola y el cuello, pero a pesar de esos detalles, el examen dejaba claro que el análisis era normal.

He leído que, para ser fértil, son necesarios 20 millones de espermatozoides por milímetro de semen. De esos, solo unos corajudos 200 llegan a las trompas de Falopio y solo uno anota el gol. Además, si más de un tercio de los espermatozoides tiene forma y estructura normales, y más de la mitad tiene buena movilidad, se considera que uno es fértil.

Como cada donación es diferente (al comparar estos resultados con los anteriores el panorama era más prometedor), el laboratorio envió a congelar el esperma. En caso de cualquier eventualidad, o de una donación con una calidad inferior a esta, sería posible usar cualquiera de los normales y veloces espermatozoides donados aquella mañana primaveral.

Ya podía, entonces, entregar con los ojos cerrados los $90.000. Después de una buena noticia, cualquier riesgo vale la pena.

Tomé la lista de clientes y llamé a José, en Boston, para que me contara sobre el proceso de tener a su hija, que había nacido el año anterior, con la esperanza de prepararme para todo lo que se me venía encima. Era el único de la lista que hablaba español. También llamé a Steve, en Chicago —él tuvo gemelas—, y a Lane en Los Ángeles, que tuvo una niña y un niño en el año 2000. A todos les dejé mensaje. Insistí pero nadie me contestó. Volví a repetir cada una de las llamadas y sólo pude comunicarme con sus contestadores. Pasó una semana. Silencio total.

EN UN INSTANTE todo puede virarse al revés.

La cena estaba lista. Un manjar cubano: arroz blanco, frijoles negros, plátanos maduros hervidos con aceite de oliva y cilantro, y pollo asado. En Nueva York, con excepción de un par de restaurantes, es difícil encontrar buena comida cubana sin que esté salpicada de influencias de otras cocinas del Caribe.

Gonzalo preparó nuestra larga y estrecha mesa rectangular de madera oscura y mis amigos Carla y Cuenca, el pintor, no dejaban de discutir de arte y política. Cuenca había traído a dos de sus amigos, Luis, un escritor de *The Wall Street Journal* y su esposa Becky, que trabajaba para NBC, y justo daba la casualidad de que vivían en nuestra misma cuadra.

La cena era para celebrar una reunión entre amigos, pero también era la oportunidad para anunciar que íbamos a poner el apartamento en venta y que estábamos en el proceso de tener un hijo.

Les explico a mis invitados el surreal encuentro con la agencia, la razón por la que la había seleccionado y cómo me sentía cautivo en manos de extraños. Al decir que tenía que entregar, de un solo golpe, la cifra nada más y nada menos que de $90.000, Cuenca pega un grito y suelta los cubiertos, Carla se echa a reír y Becky, fascinada con la historia, dice que ella tiene un amigo que había empezado por Growing Generations. Las razones de su amigo eran las mismas que las mías: era la agencia más grande y prestigiosa. Al final, cuenta ella, él se había decidido por una más pequeña en San Diego, y como resultado ahora era el padre feliz de unos gemelos.

Entonces soy yo quien suelta los cubiertos. Quería su nombre, el teléfono, necesitaba hablar con él en ese instante. ¿Cómo nunca antes me había tropezado con alguien que hubiese pasado por lo mismo que yo? Y sentí que estaba frente a otra señal.

Al día siguiente me comuniqué con Becky, que era en ese momento mi ángel de salvación —alguien que me había dado una luz en medio del laberinto—, y llegó el momento de conocer a Greg.

Greg es padre soltero de una niña y un niño de dos años que trabaja para una firma de mercadeo en Manhattan. Con el anuncio de la llegada de los niños se mudó a una casa a las afueras de la ciudad. "Ya puedes ver sus personalidades. Es increíble cuán diferentes son", me dijo sobre sus hijos.

La primera opción de Greg, por su prestigio, fue Growing Generations. Vinieron las entrevistas, la visita a las oficinas y, al igual que yo, experimentó la misma sensación de tener una enfermedad mortal y de que la agencia estaba ahí para ayudarnos a sobrevivir.

El primer obstáculo con que se enfrentó fue tener que entregar el dinero por adelantado. El segundo, y el que más influyó en su decisión de buscar otra agencia, fue que no podía acceder a la base de datos de las madres gestacionales antes de firmar. Por último, en el momento en que inició el proceso, o sea, unos tres años atrás, la lista de espera para encontrar la madre gestacional ideal podía superar los doce meses.

Le conté que ninguno de los clientes que ellos me habían recomendado contestaba mis llamadas. Mi preocupación era que no iba a encontrar a nadie satisfecho con el proceso, aunque se hubiesen convertido en papás.

Greg me aclaró que los tiempos habían cambiado. Que la base de datos de madres gestacionales en la agencia había crecido y que se había acortado la lista de espera pues tenía algunos amigos que sí habían trabajado, y estaban satisfechos, con Growing Generations.

No me importa. Quiero seguir los pasos de Greg. Voy a contratar su agencia de subrogación, a su médico de reproducción asistida, a su abogado y también la agencia de donación de óvulos. Y si puedo, a la misma madre gestacional. Voy a seguir paso a paso lo que me dice un desconocido, pero al menos, un desconocido con el que siento alguna conexión. Greg fue la primera persona que conocí que tuvo a sus hijos con una madre gestacional.

Estaba decidido. Pasaría de una prestigiosa agencia en el lujoso Wilshire Boulevard, en el corazón de Los Ángeles, a una desconocida y pequeña agencia en Chula Vista, San Diego.

Greg sería mi guía. Seguiría sus pasos con vehemencia.

La tierra prometida

Ya no vas a nacer en Oregón. Ahora vas a nacer en California. Para ser más exactos en San Diego. Antes, miles iban hasta California, la tierra prometida, en busca de la quimera del oro. Ahora voy yo, en busca de un hijo.

El abogado Thomas Pinkerton, que sería nuestro guía legal, me dejó en claro que las cortes de California, de todas las jurisdicciones del país, eran las que más protegían a las partes implicadas en un embarazo en el que intervienen una madre gestacional, una donante de óvulos y unos futuros padres.

Entonces, ¿por qué me había detenido en Oregón? ¿Por qué incluso valoré Boston, Massachusetts y hasta Nueva Jersey? A veces tendemos a desviarnos por caminos que no nos conducen a nada. Pero de todo se aprende. Es parte del proceso.

Ahora me veo comprometido a buscarte moral y legalmente, con todas las partes implicadas. Y lo mejor es que hasta el día de hoy, a muchos de ellos incluso no les he visto el rostro. He aprendido a confiar en los extraños.

Voy a crearte con la ayuda de dos desconocidas. Una donará una microscópica célula y otra prestará su vientre para llevarte por nueve meses. Y luego te dejarán ir y tú me pertenecerás y las leyes me protegerán. Me lo repito una y otra vez.

Como ejemplo, el abogado me mandó a buscar documentación que avalara esa afirmación.

En 1993 un caso presentado en la corte suprema de California estipuló que la madre gestacional no tiene derechos maternales sobre el bebé que llevó en su vientre y puso en evidencia que los contratos relacionados con la subrogación gestacional son legales y se pueden hacer cumplir. Mejor aun, ese caso puso de relieve que cuando dos madres (la gestacional y la que tiene la intención de tener y criar al recién nacido) reclaman la potestad del bebé, las leyes de California dictaminan a favor de la madre que tiene la intención, no de la gestacional. Así, aunque las dos puedan probar su maternidad, la ley favorece a la que firmó el contrato para asegurarse de tener un hijo con un óvulo donado y una madre gestacional.

En 1998 un matrimonio decidió tener un hijo con una madre gestacional. Ninguno de los futuros padres aportó su código genético. En este caso, el embrión se forma con un óvulo y un esperma donados; o sea, ninguno de los dos es el padre biológico del bebé. Y en un instante todo se transformó. El futuro padre presentó una demanda de divorcio, solo seis días antes de que el bebé naciera. El hombre reclamaba que, al no ser el padre biológico del bebé, no podía ser obligado a adoptarlo, que no le pertenecía, que no quería ninguna responsabilidad sobre un niño al que él no le había aportado ni un solo cromosoma.

La corte de apelaciones de California fue drástica en su resolución: la pareja, o sea, tanto él como ella, tenía la obligación inequívoca de constituirse en los únicos padres responsables del bebé.

Si alguien lo concibe y presenta un documento legal que

afirma que ese bebé es el resultado de su acto de creación, estén o no sus cromosomas en juego, la ley determina que esa persona y nadie más es el padre (o los padres) de la criatura.

Suena maravilloso. Es lo que mis oídos quisieran oír del juez que se enfrentara a mi caso.

Claro que tú, Emma, eres mi hija. Lo fuiste desde el día en que te soñé y lo serás hasta el último día que yo exista.

Como te voy a tener a través de la subrogación gestacional y no la tradicional, como vas a ser mía y de una donante de óvulo anónima, me vas a pertenecer también por ley. Antes de que nazcas, la madre gestacional va a abandonar ante la corte cualquier intención de retenerte en el momento que vengas al mundo, por lo que al nacer no voy a tener que adoptarte, porque soy tu padre natural y legal. Tendré tu custodia, ante un juez, antes de que veas la luz.

Así que en el certificado de nacimiento apareceré como tu padre, pero no de inmediato. Hay que vencer una serie de intrincados trámites legales para que en la sección de "madre" no aparezca el nombre de la mujer que te llevó en su vientre. Como, por la ley de California el espacio donde va el nombre de la madre en el certificado de nacimiento no puede dejarse en blanco, mi nombre irá donde dice "madre", así que una vez nacida, me tendrás, al menos en los documentos legales, en los dos roles. Más adelante, el abogado presentará una solicitud para rehacer la partida de nacimiento que me identificará como padre y dejará el de la madre con un par de guiones que llenarán el vacío.

Falta todavía bastante para que empiece a preocuparme por estas "pequeñeces". Ahora lo más importante es si voy a encontrar a una madre gestacional que quiera lanzarse a ciegas a este proyecto conmigo y esté dispuesta a entregarte sin la más mínima duda.

Sé que las leyes me protegerán, que los contratos relacionados

con la subrogación en California pueden hacerse cumplir, pero
¿estaré preparado para una batalla en caso de que la madre gestacional entre en una crisis a última hora y quiera criarte en
contra de mi voluntad? ¿Qué pasaría si sus hormonas se revuel-
ven y una fuerza física mayor que la lógica hace que me cierre la
puerta de su habitación en el hospital e incluso no me permita
conocerte? ¿Tendría fuerzas para ir a una corte y ahogarme en
una gramática legal incomprensible, gastar miles y miles de dólares —que no tengo— para defender ante un juez que cada
célula, cada órgano, cada parte de tu cuerpo me pertenece a nivel
genético a mí y no a la amable y dulce mujer que aceptó brindar
su vientre para que terminaras de formarte? ¿Estaría preparado
para que no estuvieras conmigo por días, semanas, meses y tal
vez años hasta que una corte dictaminara que eres mía, o que en
el peor de los casos nos diera una sombría custodia compartida y
yo solo pudiera verte cada quince días y durante la mitad de tus
vacaciones?

¿Qué pasaría si esa amable mujer tuviera como intención
final conservarte no porque te quisiera, no porque se considerara
tu madre, sino porque deseara recibir una manutención de mi
parte que le otorgaría un juez con la custodia compartida?

¿Cómo podría sobrevivir a esta tragedia? ¿Qué precedentes
hay en la subrogación que avalen mis preocupaciones o que me
den la seguridad —si es que puede haber seguridad en un proceso como este— de que tú vas a ser mía y nada más que mía?

Surrogate Alternatives

ABRIL

A UN AMIGO QUE tiene en sus proyectos inmediatos ser papá lo tiene aterrorizado la deuda en la que va a tener que incurrir: "Nada más de pensar en los miles de dólares que va a costar y hasta qué punto voy a llevar mis tarjetas de crédito, me da escalofríos. No puedo dormir".

Pero lo más terrible de iniciar la búsqueda de un bebé a través de una madre gestacional no son los estratosféricos precios, te lo puedo asegurar. Lo más desesperante, lo que a mí me estremece y me quita el sueño, lo que me paraliza y me da taquicardia es la incertidumbre.

Te acostumbras a una constante desconfianza que no tienes tiempo de valorar. La aceptas y, como si fuera una enfermedad incurable, aprendes a sobrevivir con ella.

No hay otra salida. Ese es tu pretexto. No hay nada que puedas hacer; tu destino está escrito.

Tu futuro es nebuloso, pero al menos ayudas a diseñarlo, a que se te presente de la manera en que lo sueñas.

La oportunidad de conocer dónde vamos a procrearte, quiénes van a manipular las dos células que se unirán para que des tus primeros pasos, los primeros de verdad, me llena de sobresaltos.

Ahora te imagino a nivel celular. ¿Cuál será el óvulo mágico o el espermatozoide aguerrido que aportará mis cromosomas? ¿Qué te aportaré yo? ¿Mis ojos, mi boca, mi nariz, mi estatura? Tal vez mi curiosidad, mi memoria evasiva, mi constante necesidad de tener un proyecto entre manos, mis indecisiones, mi torpeza.

Hoy pienso en ti. Y te veo cada vez más cerca. Lo más importante ahora es encontrar el otro 50 por ciento genético para hacerte realidad.

Al entrar a las páginas de Surrogate Alternatives uno tiene acceso a su base de datos. Siento que voy bien, que puedo nadar sin problemas. La caída no fue tan terrible como uno se la imagina desde lo alto.

Me llama la atención que no sea necesario pagar para ver qué madres gestacionales o qué donantes de óvulos están disponibles, a diferencia de las otras agencias que he consultado. Ahí están las fotos de un ejército de mujeres junto con la edad, la raza y su experiencia como donantes. Es una buena señal.

Diana Van de Voort-Perez —una mujer rubia, de ojos claros, que aparenta estar cerca de los cuarenta años— es la presidente y fundadora de Surrogate Alternatives. Ha sido donante de óvulos cinco veces, todas con éxito. En 1998 ella misma fue madre gestacional y del proceso nacieron gemelos. En 2003 volvió a prestar su vientre y tuvo una niña. Todas las mujeres que trabajan en la agencia han sido donantes o madres gestacionales. Diana y su equipo conocen el proceso de primera mano. Es una pequeña agencia que opera en la casa de Diana, en Chula Vista.

Abro las fotos de todos los que trabajan en la agencia y, a

fuerza de tenerlos bajo mi escrutinio por horas, me han llegado a resultar familiares.

Voy a la página de las madres gestacionales y luego paso a las donantes de óvulos. Tengo que concentrarme. Un grupo a la vez. La selección es demasiada compleja como para permitirme el lujo de la vacilación. Veo a estas mujeres como si desfilaran en el escenario de un concurso de belleza.

Comienzo por las donantes de óvulos. Todas me resultan parecidas, todas tienen la misma sonrisa, todas quieren que una simple foto, tomada tal vez por un familiar con una cámara imprecisa y la luz más inadecuada, capte todo lo que un futuro padre busca en ellas: belleza, inteligencia, salud, entereza de carácter, humanidad, genes a prueba de balas…

Ahí están Onaletia, una de las más experimentadas donantes, y las primerizas Lauren, Shawna, Michelle y Danielle. No me convence ninguna. Onaletia, puede ser, pero me imagino que es una de las más caras. ¿Y cuánto puede costar? Aún no es tiempo de llegar a ese punto. Por ahora, reviso esos rostros con ansiedad. La mayoría proviene de California, de San Diego para ser exactos. Muchas son estudiantes o esposas de militares asentados en las bases de la ciudad. Pueden verse fotos de su niñez, algunas muestran a sus hermanos y casi todas tienen las clásicas imágenes de graduación de secundaria. En esas, parecen princesas de cartón. El promedio de edad es de veinticuatro años. Las hay demasiado jóvenes y algunas que se acercan a los treinta. Para mí, entre más joven, mejor. No hay nada que envejezca más rápido que el óvulo de una mujer. La mayoría lleva exceso de maquillaje, lo que las hace lucir mayores de lo que realmente son.

Nadie me convence. ¿Onaletia será una opción? A Gonzalo le atrae Danielle. Luce esbelta, como una modelo, pero tiene una expresión fría. Desde que comienzo a hablar con Melinda, la coordinadora de la agencia, no dejo de tropezarme con la realidad. Danielle ya ha sido contratada por una pareja y está en medio de los estudios genéticos.

Revisé las diferentes madres gestacionales disponibles: muchas de ellas no trabajan con hombres solteros, algunas no están dispuestas a abortar en caso de que el feto tenga problemas y la mayoría no tiene seguro médico que cubra la maternidad gestacional.

Melinda recomienda a Mary, una madre gestacional que ya pasó todos los estudios genéticos y comenzó el tratamiento para salir embarazada, pero los futuros padres decidieron cancelar el ciclo.

Voy a la página y la encuentro. En la foto, Mary está con su hija y su hermana. Luce blanca y su hija es más oscura de piel, al igual que la hermana. En su historial dice que tiene el período menstrual irregular y que no trabaja con hombres solteros.

Melinda me dice que va actualizar el expediente de Mary, pero que está segura de que ella trabajaría conmigo. Lo del período no es importante porque ella no va a donar los óvulos, me aclara.

No hay nada más que buscar. Si ellos me la recomiendan, ¿qué más necesito? Decidido: la madre gestacional va a ser Mary. Imprimo el contrato con la agencia, lo firmo, envío el cuestionario sobre mi vida —las mismas respuestas que recibieron, en su momento, Thorsen's Surrogate Foundation y Growing Generations— y hago la primera transferencia bancaria. Melinda va a coordinar una llamada telefónica con Mary y luego un encuentro en Chula Vista. Mary tiene que recibir mi perfil, leer mis cuestionarios, hurgar en mis fotos y aceptarme. Me siento como si estuviera presentando un examen de ingreso a la universidad más costosa y exclusiva del país.

Con la madre gestacional seleccionada —al menos por mi

parte—, le explico a Melinda que voy a buscar a la donante de óvulos en A Perfect Match. Si Greg lo hizo, ¿por qué tomar otro camino? No quiero más riesgos de los que inevitablemente tengo que enfrentar.

Me comunico con Becca, en A Perfect Match, firmo el contrato, hago otra transferencia bancaria y me dan acceso a una base de datos amplísima, con muchas más opciones, e incluso con algunas de las mismas donantes que se anunciaban en Surrogate Alternatives.

Hablamos con Esther María, la hermana de Gonzalo que vive en Los Ángeles, y se emociona. Le contamos de la posibilidad de tener mellizos o trillizos. Le decimos que mellizos es un dolor de cabeza, pero que trillizos sería una pesadilla. "Pues me regalan uno", dice convencida. Trillizos no van a ser, no pueden ser y aunque salgan cuatro —nunca pondría cuatro embriones, así que esa posibilidad queda fuera del juego— todos crecerían junto a mí.

Baby M

Mientras revisaba la base de datos de las donantes en A Perfect Match me entró un correo electrónico: "Mary está dispuesta a trabajar contigo. Leyó tu cuestionario y quiere ayudarte a buscar a tu hijo. El sábado podrán conversar por teléfono y luego coordinamos tu visita para que la conozcas en persona".

Gonzalo estaba en la cocina. Imprimí la foto de Mary y le dije: "Es ella, no hay nada más que buscar. Mary será la madre gestacional".

Me miró perplejo, asombrado de mi seguridad y supongo que, al conocerme, asumía que había hecho un estudio minucioso para llegar a esa conclusión.

No. No hice ningún análisis, no investigué quién era ni entré en detalles sobre cuáles eran las razones por las que Mary había comenzado a trabajar con una pareja y se había interrumpido el ciclo. No fue su culpa. Su vientre estaba listo, la pareja no. Eso bastó.

Había pasado el proceso de revisión de la agencia, el examen sicológico y me había aceptado. ¿Qué más podía pedir? Después de haber perdido cuatro años, una semana parecía un siglo.

Les envié la foto a mi mamá y a mi hermana y quedaron encantadas con Mary. "Tiene una mirada dulce", dijo mi mamá.

Con Mary a mi lado, el riesgo de que se produjera otro caso como el de Baby M me intimidaba.

Desde que uno comienza un proceso de subrogación, sabe que las posibilidades de un final positivo son mínimas, pero uno quiere pensar que es la excepción. Si aparecen tropiezos, estos pueden ser solo que los óvulos no se fecunden, que los embriones no se adhieran a las paredes del útero, que el embarazo se pierda a las pocas semanas o, peor aun, ya avanzado el estado de gestación. Lo único que uno quiere obviar de esta lista de fatalidades es otro Baby M.

El día 6 de febrero de 1985, Mary Beth, un ama de casa que nunca terminó la secundaria, casada con un recogedor de basura, firmó un contrato donde aceptaba ser madre sustituta, para que William y Elizabeth —un bioquímico y una pediatra— pudieran tener su hijo. Mary Beth no solo iba a prestar su vientre por $10.000 sino que también donaría su óvulo, así que el método sería la inseminación artificial con el esperma de William. Elizabeth no era infértil, pero la pareja temía que un embarazo pudiera acelerar una latente aunque leve esclerosis múltiple.

Mary Beth y su esposo tenían dos hijos. Él se había sometido a una vasectomía, así que era evidente que la pareja no quería tener más descendientes. Mary Beth, en un contrato, renunció a la patria potestad y a la custodia total o parcial del hijo o los hijos que engendrara, así como a contactarlos o a iniciar el más mínimo vínculo emocional. Más aun, aceptó abortar si William se lo pedía en caso de que el feto desarrollara algún tipo de anomalía congénita. Pero eso fue en febrero de 1985. Un año y un mes más tarde, nació Melissa, Baby M, una niña hermosa y saludable, a través de un parto natural, agotador y doloroso, como la mayoría de los partos. Y en un instante la vida cambió para Mary Beth, Elizabeth y William.

Mary Beth quería conservar a la niña, a quien había comenzado a llamar Sara y a la que había renunciado mucho antes de concebirla. A los tres días de nacida, un domingo de pascuas, Baby M pasó a manos de sus padres legales y de intención, William y Elizabeth. Mary Beth, entonces, no quiso aceptar los $10.000.

La desesperación, el arrepentimiento y el descontrol llevaron a Mary Beth a la casa de William y Elizabeth para pedirles que le prestaran a la niña por una semana. Ellos aceptaron. Pero, la mujer enloquecida, con la niña recién nacida, se dio a la fuga. Mary Beth le pasó a Baby M a su esposo a través de una ventana para evadir a la policía. Por tres meses fueron prófugos de la justicia.

Un juez de Nueva Jersey dictaminó, después de un juicio que duró un poco más de un mes y que acaparó la atención nacional, que William y Elizabeth eran los padres de Baby M, lo cual dio validez al contrato de subrogación.

Durante el juicio, una llamada telefónica entre William, el padre biológico y legal de Baby M y Mary Beth, la madre de subrogación, puso en evidencia la inestabilidad y la angustia que ahogaban a esta última. Cuando el padre le expresó que quería a su hija de vuelta, Mary Beth enloqueció: "Olvídate. Te diré ahora mismo que prefiero ver a la niña y a mí muertas antes de entregártela".

Tres años después de haber firmado el vilipendiado contrato de subrogación, la apelación de Mary Beth y su marido ante el Tribunal Supremo de Nueva Jersey concluyó a su favor, por lo que puso en evidencia que el contrato no tenía validez por una simple razón: en ese estado no es legal ninguna transacción económica para que una mujer revoque sus derechos como madre. El contrato, entonces, fue considerado ilegal.

Bajo esas circunstancias, el Tribunal confirmó que solo William, más no Elizabeth, tendría la custodia de Baby M y que un juez debería determinar las visitas que podía realizar Mary Beth a la bebé.

Para Mary Beth el dictamen fue un triunfo. La pregunta ahora era qué pensaría de todo esto Baby M con el paso de los años. En parte gracias a la publicidad que recibió el caso, la madre sustituta se convirtió en una suerte de celebridad, y la subrogación pasó a un primer plano en la opinión pública del país.

Mary Beth asegura haber sufrido humillaciones públicas y haber estado sumida en el dolor. Lo que la mantenía a flote era la sonrisa de Sara, como ella la llamaba, y las lágrimas de la niña cada vez que se la arrebataban de las manos, al fin de las dos horas semanales que le permitían verla.

Desde entonces, Mary Beth se convirtió en una oponente de la subrogación. Para ella es un problema que se remonta a la Biblia (Hagar, una esclava, sirve de madre sustituta a Abraham y a Sarah) y que existirá mientras haya mujeres pobres.

Lo cierto es que los errores se pagan caro. Aunque Mary Beth había asegurado que el dinero no era su principal motivación —firmó un contrato en el que renunciaba al hijo que procreara por $10.000— se convirtió en escritora y contó la historia de Baby M, que dedicó a Melissa, a sus dos hijos y a todos los niños que nacen de acuerdos de subrogación.

El tiempo, sin embargo, le jugó una mala pasada. Mary Beth, que afirma haber amamantado a la niña durante los meses que estuvo prófuga y que luego compartía con ella un par de horas a la semana, un fin de semana alterno y dos semanas en el verano, no pudo influenciar la decisión que Baby M tomó al cumplir sus dieciocho años.

Melissa fue a la corte y puso fin, por voluntad propia, a los derechos maternales de Mary Beth, la madre de subrogación, y formalizó ante un juez el proceso para que Elizabeth, la madre por intención, la que la soñó, la que la concibió antes de que ni siquiera existiera en el vientre de una mujer que renunció ante un abogado a ella, fuera su única y verdadera mamá.

Melissa, una estudiante de religión en George Washington University, en Washington, D.C., abierta a convertirse en mamá en un futuro y con planes de ser ministra religiosa, hace poco afirmó a un periodista del *New Jersey Monthly*: "Quiero mucho a mi familia y soy muy feliz con ellos". "Ellos" son William y Elizabeth, quienes han protegido, desde el publicitado caso, su privacidad. "Estoy muy feliz de haberme quedado con ellos. Son mis mejores amigos en todo el mundo y eso es lo único que tengo que decir sobre el asunto".

Mary

He caído en la trampa. Me siento cautivo. Estoy desorientado. Al fin voy a encontrarme con alguien. Al menos voy a escuchar algo real, físico, una voz.

A algunos la ansiedad les crea hiperactividad, a mí me deja en el aire, sin rumbo. No puedo leer, no puedo pensar y termino en Nina Simone.

La música me aísla. Es mi terapia. Lo reconozco, por momentos soy víctima de mi propio melodrama.

A las tres de la tarde, hora de Nueva York, las doce del día en San Diego, voy a hablar con Mary.

Levanto todas las cortinas del apartamento. Quiero que entre la luz del abril neoyorquino. Aún el frío se niega a dejar la isla. El parque ya comenzó a florecer. Voy a caminar por el parque. Le voy a dar la vuelta al lago, pero para eso me tengo que abrigar. Mejor me doy una ducha.

Trato de imaginarme su voz. En la foto, su sonrisa es placentera. Hay cierta ingenuidad. Es una de esas fotos de estudio en las que un sutil velo le da a la imagen un aire romántico. Su cabellera es abundante y rizada. ¿Dónde encontrar una señal de cómo será su voz? Es una mujer corpulenta, tiene a su hija sobre las piernas. Su vestido es rosado.

Nina Simone me acompaña hasta las tres de la tarde. ¿Para qué atormentarme? ¿Qué puede pasar? ¿Que no le guste? ¿Que después de decir que quería trabajar conmigo escuche algo de mí que la obligue a rechazarme?

Ya sabe dónde nací, mi edad, que mis padres se divorciaron cuando yo tenía dos años y medio, que vine a los Estados Unidos con treinta años, que tengo un fuerte acento en inglés, que tengo una hermana y un sobrino que viven en Miami, que trabajé como reportero, que ahora estoy en una revista de entretenimiento, que vivo en Nueva York, que no fumo, que no bebo. ¿Qué más querrá saber?

Una evaluación, una prueba más para que alguien determine, como si fueras ganado, cuál es tu valor real. Todos necesitamos ser aprobados y aceptados. Y sé que Mary me va a aceptar porque leyó mis respuestas, porque tal vez alguna vez ella fue repudiada o se sintió frustrada de ser evaluada y no ser comprendida.

Al diablo, si no me acepta buscaré a otra. Ya encontraré a una mujer encantadora que con solo oír mi voz sepa que te soñé y que iré a la luna a buscarte si fuera necesario. Siempre aparecerá, porque mi búsqueda ha sido un libro abierto y a la mujer que decida llevar mi fruto en su vientre la voy a proteger y la voy a consentir aunque solo pida que la deje en paz desde el día en que empieces a crecer dentro de su vientre.

"Mary, perdí cuatro años de buscar a mi hijo por un médico cuyo nombre ya olvidé".

Su voz es suave y dulce, como la de una adolescente que mide con cautela sus frases. Pero qué va a decir de mi melodrama personal.

"Mi mamá, que es blanca, se casó con mi papá, un árabe de Jerusalén", me empieza a contar Mary. "Él vive ahora en Los Ángeles. Están divorciados. Tuve a mi hija con un afroamericano. Sé lo que es sentirse diferente. No voy a discriminar a nadie porque no esté casado o porque no haya una madre. Sé lo que es querer ser papá o mamá y no poder. Y a mí me gustaría ayudarte. Yo sé lo que es haberse sentido rechazado alguna vez. Lo que sí quiero que sepas es que solo estoy dispuesta a llevar dos bebés, pero trillizos, no creo que pueda".

"Mary, no te preocupes. No está en mis planes tener trillizos", le respondo.

"Estoy abierta a la reducción si quieres. Si llegamos a transferir tres embriones y los tres se pegan, podemos hacer reducción".

"Lo que me pidas", le contesto impulsivamente.

Dios mío. Qué le he dicho. Reducir un embarazo. Si los tres se pegan tendría que elegir a cuáles de mis hijos voy a permitirles nacer. ¿Estoy loco? ¿Cómo puedo haberle dicho a Mary que sí voy a firmar un documento que autorice al médico a eliminar a uno de mis bebés como en *Sophie's Choice*? No se van a pegar los tres embriones. Eso no va a suceder. Ya le di mi palabra a Mary y lo hice con la intención de que no me rechazara.

Mary, no, no puedo reducir el embarazo. No puedo matar a uno de mis bebés aunque sé que aún no piensan, no tienen un nombre, son unos fetos minúsculos que batallan por sobrevivir. Sólo lo pienso y no se lo digo.

Ella me cuenta de su vida, de su hija, de su dedicación como madre, pero yo no puedo dejar de imaginarme la aguja que le voy a enterrar en el corazón a uno de mis hijos, al débil, al más pequeño.

Aunque parezca imposible su hablar pausado me tranquiliza. Tomo notas de lo que me dice como si estuviera en medio de una entrevista de trabajo. Quiero ya mismo colgar y llamar a mi familia para contarle quién es Mary, que ella fue rechazada una vez y que no va a desestimar a nadie por ser diferente. Ya la siento como parte de mí.

Gonzalo espera en el cuarto. Mi hermana quiere saber cada detalle. Mi mamá ha puesto todo su pensamiento en ella.

Mary tiene veintitrés años. Es Capricornio. Nació en San Diego y aunque su padre es árabe, de Israel, es cristiana como su madre. Cuando era adolescente visitó a su familia paterna en el Medio Oriente y aprendió algo de árabe. Vive con el padre de su hija, un afroamericano que trabaja como paramédico. Su hija tiene tres años. Nunca se ha casado y jamás se ha sometido a un aborto. Comenzó a trabajar con Surrogate Alternatives en mayo de 2003. Se colocó algunas de las inyecciones para iniciar el ciclo, pero los futuros padres cancelaron el proceso porque la calidad de los embriones logrados en el laboratorio no era óptima. Mary, entonces, volvió a la lista de las madres gestacionales disponibles en Surrogate Alternatives.

Su sueño es ser asistente de enfermería y el dinero que gane como madre gestacional ($20.000) lo quiere utilizar "para estudiar y así poder brindarle un mejor futuro a mi hija". Es una mujer saludable. Mide 5'7", pesa 185 libras y el parto de su hija fue natural. En caso de salir embarazada, lo único que pide para el parto es que le administren la epidural. Quiere evitar, bajo cualquier circunstancia, una cesárea, a no ser que el médico lo exija para salvar la vida del bebé o la de ella.

Nunca ha dado en adopción a un hijo. No podría. Por eso solo está abierta a la subrogación gestacional. "El bebé que llevaré dentro no es mío, es de dos padres que lo han concebido y creado. Yo solo voy a permitir que ese bebé se desarrolle".

Para ella, estar embarazada fue una experiencia agradable. "Tengo una hija y para mí es suficiente por ahora. Me gustaría ayudar a alguien que quiera convertirse en padre. Es algo excepcional".

Su madre y el padre de su hija la apoyan. "Mi mamá va a estar ahí para lo que necesite". También está abierta a que el hijo que ayude a procrear se comunique con ella en un futuro. "Sería interesante ver cómo creció y en qué se convirtió". Si es necesario abortar por decisión de los futuros padres, ella no tiene ninguna objeción y está dispuesta a someterse a una amniocentesis para detectar cualquier anomalía en el embarazo.

Mary no fuma y solo bebe en ocasiones, según dice. Vive en un pequeño apartamento en San Diego, con su hija, su hermana menor, que tiene quince años, y el padre de su hija.

EN EL ÍNTERIN, el banco me aprueba la línea de crédito. Mi mamá sueña que tendré un varón. Mi prima Albis, que vive en Cuba, se despierta una mañana y dice que mientras dormía vio a mi bebé: una niña.

En busca del óvulo

A PERFECT MATCH ES una agencia que ofrece servicios como cualquier otra, ya sea de bienes raíces o de consultoría legal. Y, como la mayoría de las agencias, se anuncia, en este caso en periódicos locales y en las universidades. La única diferencia es que A Perfect Match ofrece el material genético primario para crear vidas, el óvulo. El dilema está en si estas agencias en realidad lo que venden son seres humanos. Pero un óvulo no es un ser humano: un óvulo es una célula humana.

En el año 2000, A Perfect Match causó gran conmoción en el universo de la reproducción asistida. La agencia desplegó un anuncio en las universidades más importantes del país al solicitar una donante que, de cumplir los parámetros exigidos por los futuros padres, recibiría una compensación de $50.000, hasta ese momento la cifra más alta pagada por un óvulo.

Aunque una donante sin experiencia puede llegar a cobrar unos $3.000, las que han donado más de una vez y tienen características específicas, judíos asquenazíes o judíos sefarditas, o hindúes o asiáticos, pueden elevar la cifra a los $20.000. Pero ya $50.000 era algo excesivo, más aun cuando La Sociedad Americana de Medicina Reproductiva ha estipulado que una compensación de más de $10.000 por la donación de óvulos es inapropiada. ¿Qué buscaban Darlene, una ex agente de bienes raíces, y su esposo Thomas Pinkerton, el reconocido abogado especializado en reproducción asistida, con ese tipo de anuncio? En opinión de algunos, publicidad, pero los Pinkerton aseguraron que en esa ocasión ayudaban a los futuros padres a encontrar características específicas en la donante.

Los Pinkerton formaron la agencia después de haber experimentado la subrogación en carne propia. En 1990 un embrión formado en un laboratorio, con material genético de ambos, fue transferido al útero de una madre gestacional, en este caso una tía de Thomas. Al nacer la hija de los Pinkerton, estos tuvieron que batallar en la corte para que Darlene apareciera como la madre en el certificado de nacimiento. Desde entonces, los dos se han dedicado a ayudar a decenas de parejas infértiles que tratan de crear una familia.

Como A Perfect Match fue la misma agencia que usó Greg, firmo de inmediato para trabajar con ellos. A diferencia de Surrogate Alternatives, aquí es necesario comprometerse, enviar la transferencia bancaria y solo entonces es que te dan acceso a la base de datos protegida con una contraseña.

Lo hago y comenzamos a estudiar a las donantes. Caroline, de veintitrés años y de origen irlandés, estudia biología en la universidad. Laura, de veintiuno, es de origen italiano y de su donación anterior se lograron catorce óvulos. Donna, de veinticuatro, es católica de ojos claros. Es madre y de su donación se obtuvieron veintiún óvulos. Rachel, de veintidós, de origen holandés, estudia antropología en la universidad, pero nunca ha sido donante. Y Julieta, la italiana de veintiuno, tiene dos hijos y ha sido donante.

En realidad, quiero ir a lo seguro. Con ninguna de estas mujeres he sentido una conexión que justifique que las seleccione.

Podría ser cualquiera de ellas. Ahora tendríamos que ver cuál es la cantidad de dinero que solicitan. Me dice Becca, de la agencia, que las cifras siempre son negociables.

Por lo visto, esta no va a ser tan fácil como la elección de Mary. En una madre gestacional buscábamos a una mujer decidida y valiente dispuesta a llevar a nuestro futuro hijo por nueve meses en su vientre. Era suficiente que fuese saludable, cumpliera los requisitos que exige la agencia y que quisiera trabajar conmigo.

La mujer que va a aportar la mitad de tu código genético requiere de un proceso de selección mayor. Hay que pensarlo, pero ni una foto, ni una conversación telefónica y ni las notas en la universidad van a definir el por qué de la compaginación.

Es cierto que ellas también tienen que elegirme a mí, pero aquí tal vez voy a necesitar la ayuda de la agencia. Con una base de datos tan amplia la decisión es difícil.

Gonzalo se detiene en Alicia, una chica de veintidós años. Estudia en la universidad y nunca ha sido donante de óvulos. No es un problema. En algún momento todas las donantes con experiencia fueron primerizas.

Aún espero por la señal.

Alicia

ME HE QUEDADO cautivado con sus fotos. Alicia tiene el pelo oscuro y brillante y los ojos de un azul profundo. Lleva el cabello sobre los hombros, sin mucha elaboración, y su maquillaje es sutil. Es baja de estatura, su familia por parte de su padre se ve frágil. Hay fotos con su abuela, su hermano, su mamá y papá.

Alicia tiene veintidós años, usa lentes y estudia ciencias políticas en California. Quiere ser donante para ayudar a una pareja a tener hijos. A ella le gustaría que alguien la ayudara en una situación similar. Bebe una vez a la semana —como dicen todas—, no usa drogas, nunca se ha tatuado y jamás ha recibido una transfusión de sangre.

Se describe como independiente, fuerte, perceptiva, inteligente, adaptable, frugal y con un ojo excelente para el detalle. Tiene talento para las artes y habla con fluidez el francés.

A Alicia le encantaría poder conocer al niño que ella ayude a procrear, pero bajo ningún concepto se consideraría su madre. A ella le gustaría transmitirle al niño lo feliz que fue porque ayudó a concebirlo.

Su abuela paterna es española, gallega. Ya me ganó: mi abuela era de Vigo, España, también gallega. Su abuela era elegante, sofisticada, inteligente.

De niña, sus padres dicen que cantaba en vez de llorar. De adulta, dice que disfruta mucho la vida y estar viva. Es demasiado pragmática para dejar que una cosa mínima lo arruine todo.

A los diez años tuvo su primer período menstrual. Hasta el día de hoy estos son regulares y duran de cuatro a cinco días. No toma píldoras anticonceptivas. Nadie en su familia tiene problemas de fertilidad. En la adolescencia, asegura, su acné fue ligero.

Alicia es una fiel creyente de la donación de órganos. Para ella, donar un óvulo es como donar un órgano a quien lo necesite. Los gastos financieros y emocionales en que tiene que incurrir una familia que no puede concebir de manera natural son enormes, así que donar un óvulo no es nada para ella.

Sus padres no pueden costear los estudios de sus hijos, por lo que ella utilizará la compensación económica para continuar sus estudios en París.

Alicia sueña con viajar y algún día asentarse y crear una familia. Es una apasionada de la extensión de los derechos del matrimonio a todas las personas. Tiene muchos amigos gays que sufren por no tener los mismos derechos. Se siente, a nivel personal, muy ofendida por la homofobia, el racismo, el antisemitismo y cualquier forma de discriminación. Estudia más de doce horas al día, es voluntaria en un refugio para desamparados y los fines de semanas trata de dormir lo más posible. En la noche se viste de manera glamorosa y disfruta salir con su grupo de amigos.

Se considera una mujer fuerte y ha sobrevivido algunas dolorosas pruebas.

Alicia tendrá que ser. ¿Dónde estaba? ¿Tuve que esperar todos estos años para que apareciera? Ahora estoy seguro de que esos cuatro años —que creía perdidos— fueron para que ella tuviera la edad necesaria para convertirse en donante de óvulos y se cruzara en mi camino.

Mater certa–Pater incertus

ALICIA ACEPTÓ MI oferta. Solo me queda ir a conocer a Mary en persona y ya está. No puedo creer que en cuestión de meses mi vida va a cambiar. Solo se necesita un instante, lo sé.

Voy a viajar a San Diego. El vuelo desde Nueva York hará escala en Los Ángeles y ahí debo tomar un pequeño avión. Reproductive Science Center, la clínica de reproducción asistida que dirige el doctor Samuel Wood, está en La Jolla. A Perfect Match, la agencia para la donación de óvulos y el abogado Thomas Pinkerton, en La Mesa. Y la agencia para seleccionar a las madres gestacionales, Surrogate Alternative, en Chula Vista. Va a ser otro viaje largo.

Primero me encontraré con Diana, la fundadora de Surrogate Alternatives. Allí me esperará Mary, la futura madre gestacional. Luego iré a la clínica, a mi cita con el médico. El proceso ha comenzado.

Gonzalo me invade con preguntas. ¿Cómo será Mary? ¿Es buena mamá? ¿Cómo sabes que no desaparecerá al salir embarazada? Ella no es la mamá biológica, pero se puede encariñar con el niño. Durante nueve meses lo va a alimentar, le va a cantar por las noches, sentirá cómo el bebé le da pataditas, si tiene hipo y se preocupará cuando no se mueva. Por ese bebé que lleva en su interior su cuerpo se transformará, sus senos se hincharán, su humor cambiará. Se sentirá pesada y cansada. Todo por ese bebé que tendrá que entregar al nacer porque firmó unas simples hojas de papel.

¿Qué impide que ella sea la madre si lo llevó en su vientre? ¿No haberle dado un óvulo, una simple célula, la excluye, elimina la posibilidad de considerarse su progenitora? Para Gonzalo, las dudas se incrementaban: "¿Entonces qué seré yo? Soy también su papá, aunque no aporté ningún cromosoma. ¿Acaso eso me excluye a mí también? Yo, que me voy a dedicar en cuerpo y alma a ese bebé, ¿qué terminaré siendo?".

"Padre, del latín *pater*". Aclara el sagrado Diccionario de la lengua española de la Real Academia Española. "Varón o macho que ha engendrado. Macho en el ganado destinado a la procreación. Cabeza de una descendencia, familia o pueblo". Para referirse a ciertos religiosos y a los sacerdotes: "Origen, principio. Autor de una obra de ingenio, inventor de otra cosa cualquiera. Primera persona de la Santísima Trinidad".

¿Madre, qué es ser madre hoy día? Madre, dos sílabas, cinco letras, una palabra, varios significados: "Del latín *mater*. Hembra que ha parido. Título que se da a ciertas religiosas. En los hospitales y casas de recogimiento, mujer a cuyo cargo está el gobierno en todo o en parte. Matriz en que se desarrolla el feto. Causa, raíz u origen de donde proviene algo. La madre patria. Cauce por donde ordinariamente corren las aguas de un río o de un arroyo. Heces del mosto, vino o vinagre, que se sientan en el fondo de la cuba, tinaja…"

Mater semper certa est. Así versa el clásico principio del derecho romano: "La madre siempre es conocida". Y más aun: *Mater es quam gestatio demonstrat.* "La madre por gestación es demostrada. En los viejos aforismos romanos, los padres estamos mal parados. *Mater certa–Pater incertus.* "La madre es conocida, el padre incierto".

Pero hoy día, ¿qué es una madre? ¿La que dio a luz a un bebé, la que aportó su código genético o la que tiene la intención de tener el bebé y criarlo? Hay madres de nacimiento, madres genéticas y madres de intención. Los padres caemos solo en dos categorías, los biológicos y los de intención. Para las leyes, la relación de madre e hijo es inmediata y fácil de demostrar. La de padre e hijo es mediata e indirecta.

Entonces, ¿qué significa hijo? "Persona o animal respecto de su padre o de su madre. Persona respecto del país, provincia o pueblo del que es natural. Persona que ha tomado el hábito religioso, con relación al fundador de su orden y la casa donde lo tomó. Obra o producción del ingenio".

Desde que nació el primer bebé probeta, esos conceptos deben ampliarse. ¿Por qué no dice el diccionario que madre o padre es también el que tiene la intención de serlo, el que cría, el que es responsable de un niño del cual se ha hecho cargo desde el momento en que nació, desde el momento en que fue soñado? ¿Por qué no dice que hijo es también el fruto de un embrión creado en un laboratorio y que creció en el vientre de alguien que no es su madre?

Tú serás nuestra hija y nosotros seremos tus padres, diga lo que diga el diccionario. Eres nuestra hija hoy y lo serás siempre.

El encuentro con Mary

ME MONTO EN el avión y vuelvo a comenzar a escribir el guión de mi destino. Pero dejo los pensamientos negativos detrás. No quiero enumerar, como siempre, todas las posibles calamidades para que queden excluidas de mi futuro inmediato. Si las pensé no pueden suceder porque no soy adivino. Es por eso que las que obvio son las que acontecen. Estoy aburrido del mismo juego. Basta. Dejaré mi futuro abierto.

Voy solo a conocer a Mary en la tarde en la sede de la agencia Surrogate Alternatives, en Chula Vista. Eso implica que tengo que alquilar un auto, manejar por las autopistas de San Diego y al otro día en la mañana ir a encontrarme con Dr. Wood, en la clínica, de La Jolla.

Manejar no es uno de mis placeres y menos aun en ciudades que no conozco. Tengo preparada una camisa azul. Mi camisa azul que siempre luce impecable —debe tener más poliéster que algodón. Quiero dar una buena impresión.

San Diego es como cualquier otra ciudad, llena de autopistas. Desde el aeropuerto puedo ver el puerto. La cercanía del mar me tranquiliza.

Chula Vista está al sur del condado de San Diego. Como casi

todas las ciudades del área, tiene un gran número de hispanos. En alguna parte he leído que es la ciudad más aburrida de Estados Unidos. Me imagino que será una exageración. En todo caso, no busco diversión. Es más, no me parece estar en una ciudad, sino más bien en un suburbio como los que predominan en Miami. Un Kendall con menos vegetación. Todo es color marrón, hasta el aire. Las casas son del color del polvo. Una calle es igual a la otra, igual a la que le sigue y me imagino que igual a la que vendrá más adelante. Es un laberinto, pero un laberinto abierto. Es fácil perderse en el amasijo de casas sin color. Las direcciones están en español. Bueno, qué iba a esperar: es California. Tengo que buscar la calle Quinta.

No he llegado a un centro comercial, sino a una casa de dos plantas que está en el medio de la cuadra. Es un vecindario. Son las tres de la tarde y no hay nadie en las aceras. Hace calor. Al parecer, Diana lleva su agencia en su propia casa. No hay un cartel que diga Surrogate Alternatives. Pero el número es correcto. ¿Me habré equivocado? Llamo a Melinda y me confirma que sí, he llegado, pero que a Mary aún la esperan. Perfecto, prefiero llegar primero. Vencer el susto de la búsqueda, relajarme, aclimatarme. Cuando ella llegue, ¿le daré un beso?, ¿un abrazo?, ¿la mano? Tal vez venga con su hija. O habrá ido a la peluquería para arreglarse el pelo. Estuvo, seguro, frente a su clóset indecisa, sin saber con qué vestido debía presentarse. El rosado no, debe haber pensado, porque es el mismo de la foto que tiene la agencia, pero seguro que en persona se ve mucho mejor. Qué pendientes debe ponerse, ¿llamativos?, ¿sencillos?, ¿o no debe usarlos? Las uñas. Las uñas deben estar arregladas, tal vez de un color claro, rosado, pero sin nada de perla. Los zapatos, bajos. Ella es alta, no necesita tacones. Lo más importante es que se sienta cómoda. Así sentirá más seguridad.

Melinda es una clásica californiana de unos cuarenta años.

También fue madre gestacional. "Si yo estuviera disponible me hubiera gustado trabajar contigo", me dice con un alo de superioridad.

Estoy en una casa. Sí, con un juego de sala típico comprado en un centro comercial, donde predomina el color de la madera. Las paredes de la planta baja, la sala y el comedor están pintadas de melocotón. Arriba están las oficinas, supongo. En la mesa del comedor hay una mujer que se vuelve para verme y luego, sin saludar, sigue inmersa en unos papeles. "Quiere ser madre sustituta. Vamos a empezar a evaluarla". ¿Le mirarán el útero, el tamaño de los senos, las caderas o Melinda se refiere a su perfil sicológico, a su capacidad de llevar a un niño en sus entrañas por nueve meses y después dejarlo ir? Porque, ¿alguien le habrá dicho que aunque lo lleve por nueve meses no será de ella, no se parecerá a ella ni se parecerá a nadie de su familia?

Subimos y me presentan a Diana, que está hablando por teléfono. Diana es hermosa, baja de estatura y con un cuerpo que no parece haber estado sometido a varios partos, uno de ellos de gemelos, ni de haber donado óvulos cinco veces. Diana se disculpa y sigue en el teléfono.

Melinda aclara que la idea de este encuentro es que pasemos unos minutos solos, el tiempo que necesitemos. Que nos hagamos preguntas y salgamos de todas las dudas que tengamos, y que quedemos convencidos o no, para dar el paso correcto, porque después de que hagamos la transferencia de los embriones, que estos se peguen y que el embarazo se lleve a término, no hay vuelta atrás.

A través de la ventana veo a una mujer acercarse. "Es Mary", me dice Melinda. Mi corazón palpita. Lo siento. Tengo la sensación de que Mary lo va a notar por encima de mi camisa azul sin arrugas.

Mary no fue a la peluquería. Tiene el pelo recogido. No se

maquilló, no se hizo las uñas. Sus ojos estás delineados con suti-leza, como si conservara una huella de la noche anterior. Trae una camiseta blanca, unos jeans descoloridos y unas sandalias. No usa pendientes.

Luce muy joven. Es alta, corpulenta, pero a su vez tiene una voz de niña que la hace frágil. Nos sentamos en el sofá principal. Melinda nos alcanza un álbum de fotos de la agencia y nos deja solos.

En las fotos hay un grupo de mujeres que posan sonrientes. Dice Mary que esas son las sesiones de consejerías a las que es necesario asistir todos los meses desde que se comienza a trabajar con los futuros padres. "A mí no me gustan mucho". Su voz, en ese momento, es más baja que la habitual, que ya de por sí es baja. "Es que ellas son mayores y yo no soy muy habladora que digamos". Siento como si me aclarase, con sutileza, que no espere mucho de ella. Que es corta de palabras. El álbum está lleno de mujeres embarazadas, con barrigas enormes, llenas de estrías. "Uno está bien, dos lo intentaría, pero tres…", y aprieta los labios y en su mirada puedo leer un "conmigo no cuentes, hay que estar abiertos a la reducción".

En las fotos reconocí a Greg. Ahí estaba con sus gemelos en el salón de parto, con Suham, la madre gestacional, que es his-pana, que habla español, que hubiera sido perfecta para mí, pero no estaba disponible. Con Suham hubiera sido como seguir a Greg en todos los sentidos, pero Mary será la madre gestacional perfecta, la ideal, que habla poco, a la que no hay que dedicarle mucho tiempo, que va a cuidar a mi niño, que va a comer de manera saludable, que le va a hablar bajito, que va a dar a luz sin complicaciones y me lo va a entregar con un sonrisa en los labios.

Y me veo también en el álbum, yo, emocionado con mi bebé, Mary feliz mientras me lo entrega. Alguien observará nuestra foto y pensará que al año siguiente él también estará en ese álbum, con mellizos, tal vez trillizos, porque en su caso, la madre gestacional no tendrá ningún reparo en llevarlos en su vientre y nunca exigiría una reducción, como Mary me lo ha demandado a mí.

Mary no tiene mucho tiempo porque su hija la espera en la escuela. Me dice que puedo llamarla. Que todo va a salir bien. Que está feliz de trabajar conmigo. Que pronto me voy a convertir en papá.

Y la abracé. Tal vez fueron segundos, pero los necesarios para transmitirle, para que ella sintiera de mí, lo agradecido que estaba.

La clínica

SON LAS 9:30 A.M. y en media hora voy a conocer el laboratorio donde te vamos a crear. No estoy en un centro científico de paredes blancas inmaculadas y cristales relucientes. Estoy en un centro comercial de ladrillos rojos. Hay una pizzería, una cafetería, una oficina de bienes raíces en la planta baja. En el segundo piso está el Reproductive Science Center. Es un laberinto de oficinas y pasillos grises. Me pierdo. Busco el número 280 y termino de nuevo en el ascensor. Llamo y Suham, la recepcionista, la madre gestacional de los hijos de Greg, me da las coordenadas.

La sala de espera es pequeña. Hay una pareja muy asustada llegada de Alemania. Suham me dice que no hablan casi nada de inglés. Una mujer embarazada sale sonriente de ver al doctor. Una pareja la espera ansiosa. Trabaja con Surrogate Alternatives, es una de las madres gestacionales y salió embarazada en el primer intento.

En la puerta que conduce al interior del centro, leo una advertencia: ANTES DE CRUZAR LA PUERTA Y ENTRAR AL SALÓN, EVITE USAR CUALQUIER TIPO DE PERFUME.

Dios mío, creo que tengo perfume en la chaqueta. Trato de

buscar el más mínimo rastro de la esencia. Mis sentidos están paralizados. No huelo nada. No sé qué olores predominan en la oficina. Mi olfato nunca ha estado entre mis mejores atributos.

Ángela es la encargada de tramitar la documentación.

Otra vez exámenes de sangre. El doctor quiere que se elimine del juego cualquier tipo de enfermedad congénita, o al menos, que sepamos a qué atenernos. Tengo que firmar una orden para que la muestra de esperma congelada en el laboratorio de Los Ángeles sea transportada a La Jolla. Así la podrán analizar. ¿Otra vez, no basta con el análisis que me aseguró que podría tener un hijo sin ningún problema? ¿Qué más quieren buscar? ¿Debería comenzar a preocuparme?

Linda Anderson es la embrióloga y andróloga del centro. "Ahora tenemos que analizar tu esperma con precisión, para ir a lo seguro". Le explico que ya fue analizado. Que hace cuatro años abandoné la idea de tener un hijo porque un análisis no había salido como se esperaba o más bien había sido leído de manera arbitraria. En Growing Generations me aseguraron que era fértil, que con los resultados de mi esperma no había problemas para la fertilización in vitro.

"Quiero hacerte un SCSA". Otras siglas que tendré que memorizar. Es un estudio de tecnología avanzada llamado "Prueba de la Estructura de la Cromatina del Esperma" (The Sperm Chromatin Structure Assay), que va más allá de un simple —y yo que pensaba que era ultra complejo— análisis de esperma. El SCSA mide la calidad del ADN o el material genético, considerando los veintitrés cromosomas en la cabeza del espermatozoide que están formados por cromatinas que consisten en ADN y proteínas.

Este estudio se puso en práctica alrededor de 1980. En los últimos quince años se ha comprobado que es una técnica útil para determinar la calidad del semen.

El método consiste en tomar una muestra de 5.000 espermatozoides que se escanean para analizar el nivel de daño o fragmentación de los cromosomas. Si el resultado es más del 30 por ciento, el nivel de fertilidad se considera pobre o deficiente. También mide la susceptibilidad del ADN al manipularse el esperma congelado con ciertos tipos de ácidos.

Esto no quiere decir que un esperma que tenga el ADN fragmentado no pueda fertilizar un óvulo. Todo lo contrario. Un esperma dañado puede producir un embrión de buena calidad, pero al final ese embrión, que puede incluso llegar a adherirse y crecer en el útero, no logra que el embarazo llegue a su término. Por ello, ciertas muestras de semen que han sido consideradas aceptables a nivel de movilidad, calidad y morfología, pueden resultar anormales en una prueba de SCSA.

En la medida en que la edad avanza en un hombre, el nivel de fragmentación de sus cromosomas aumenta y como resultado la fertilidad disminuye. Así que el reloj biológico no solo afecta a las mujeres, los hombres también llegan a un descenso en su facultad de procrear. Uno de los factores tiene que ver con el medio ambiente, la exposición a químicos, pesticidas y herbicidas.

El análisis sólo se hace en South Dakota. El laboratorio enviará una muestra del esperma congelado. Linda también recomienda que me haga una prueba para analizar la presencia de anticuerpos contra el esperma.

Después de asimilar toda esa información me dice con una sonrisa consoladora: "Es la única manera en que vamos a estar seguros".

Sí, voy a someterme a todas las pruebas. Si quieren pueden enviar mi cuerpo congelado a South Dakota, tomar muestras de mi piel, de mi cerebro. Pero quiero terminar con los exámenes y entrar en acción.

El doctor Samuel Wood lleva una camisa de enfermero. En

su oficina hay fotos de bebés, muchos de los que, supongo, él habrá ayudado a procrear. Se recuesta en su silla de banquero, coloca las manos sobre la nuca y suspira relajado.

"Con una madre gestacional y una donante de óvulos tus posibilidades de procrear un hijo son mayores que si fuera sólo con una madre de subrogación". El doctor Wood tiene el don de dar seguridad.

"¿Y qué pasa con los análisis a los que ahora tienen que someter a uno de mis fluidos más preciados?", le pregunto un poco angustiado.

"Esperemos los resultados. Por ahora ya has vencido un buen tramo".

Le cuento sobre Mary, la buena conexión que establecimos, mi fascinación con Alicia, la hermosa donante de óvulo, que tiene el cabello óscuro y brillante y los ojos de un azul profundo. Él se aturde, al menos así lo veo yo. Pero estoy seguro de que debe estar acostumbrado a lidiar con pacientes más o menos apasionados. No sé en qué rango me verá a mí. Tal vez me muestro demasiado esperanzado. ¿Pero por qué tengo que ser negativo?

"Tenemos un alto índice de bebés nacidos de donantes de óvulos y de madres de subrogación. Confiamos mucho en nuestro equipo, en lo que hacemos. Vamos a transferir los mejores embriones, el resto los preservaremos en caso de que necesitemos otro intento".

Y en ese momento me imagino un ejército de embriones que esperan ser transferidos, almacenados en sofisticados tanques por décadas. Cientos de miles de futuros seres humanos de todas las razas listos para el combate de la vida. Y al mismo tiempo me doy cuenta, o más bien reacciono ante la realidad que él me presenta: nada es 100 por ciento seguro. Existe un alto riesgo de que la transferencia embrionaria no funcione, de que el útero no esté preparado a plenitud.

"Es importante que el útero tenga el grosor adecuado, luego viene la calidad del embrión. Nosotros le damos diferentes categorías dependiendo de su morfología y división celular. Podemos tener varios embriones de clase A, pero no todos se van a desarrollar. Que un embrión se convierta en un ser humano solo está en manos de Dios".

Quiero que la conversación continúe, que me explique el proceso, pero me imagino que habrá una madre de subrogación con las piernas abiertas lista para que le introduzcan el catéter con los robustos embriones. Me siento como si estuviera en una escena de ciencia ficción. Estoy en un centro de ingeniería. Todo es posible. Su trabajo es facilitar un instinto básico del hombre. Hace una pausa. Para mí, demasiado larga. ¿Cuál es ese instinto? "El deseo de tener un hijo. Estoy seguro de que tú, desde que eras niño, visualizaste tu futuro. Seguro te viste como padre. Muchos lo hacen. Puede ser que algunos no integren un hijo en su futuro inmediato, pero para la mayoría, una vida sin hijos es una vida incompleta".

En su consulta, muchos de los pacientes que vienen a implorar por su ayuda son parejas que, ya a los cuarenta, han logrado todo lo que se han propuesto: un trabajo excelente y estable, una cuenta bancaria jugosa, la casa y los autos de su sueños. Ahora solo les falta un hijo. Pero comienzan a buscarlo y no llega. Los óvulos han envejecido. ¿Cuál es el camino entonces? La reproducción asistida.

"Nuestra clínica es pequeña. No aceptamos más casos de los que podamos manejar". Pero mientras él intenta aclarar el camino, en mi cabeza hay una frase que he querido obviar y no puedo: "En manos de Dios". No puedo creer que un científico, el hombre que manipula las células hasta lograr que estas se transformen en embriones, deje en manos de Dios que esas células que ahora se multiplican hasta el infinito se conviertan en un bebé.

"Preparamos a las madres de subrogación, a las donantes de óvulos, observamos la fecundación, hacemos la transferencia de los embriones y seguimos el embarazo cada dos semanas hasta que se cumplen los tres meses. A las doce semanas la madre gestacional es remitida a la consulta de un obstetra como cualquier otro embarazo normal".

Entonces mi agonía se va a extender por tres meses, hasta que Mary sea remitida al médico que la va a atender hasta el parto. Bueno, mi agonía no cesará: seguirá hasta tener a mi hermoso bebé en mis brazos, hasta que lo vea conmigo en un avión y dejemos Los Ángeles para llegar a nuestro hogar.

Sumido en una terrible incertidumbre, tengo la satisfacción al menos de que he dado un paso más. Me avisan que el banco aprobó mi línea de crédito, así que manos a la obra.

Ahora viene la espera. Cada día es una semana, cada semana es un mes, cada mes es un año.

La pionera de la
subrogación tradicional

"JAMÁS PODRÍA RENUNCIAR a un hijo mío", dice Mary. "No estoy preparada para la subrogación tradicional porque es mi óvulo, es mi hijo y nunca podría entregarlo. Lo que vamos a hacer es distinto. Lo que yo voy a llevar dentro de mí es tu hijo, no es mío. Entonces queda claro que, desde el momento que nazca, te pertenece".

Mientras más la escucho más me convenzo de que Mary está preparada. Nunca ha dado un hijo en adopción y ni aun por intereses económicos es capaz de someterse a una inseminación artificial. Incluso me aseguró que no se sentiría capaz de donar sus óvulos. "Siempre serían mis hijos biológicos".

La comprendo. Estoy de su lado. Yo tampoco podría. Y sé que donar un óvulo es como donar cualquier órgano vital. Que un padre o una madre sean los que tienen la intención de serlo —quienes crían al niño concebido por cualquiera de los métodos de reproducción asistida—, no excluye el nivel de desorientación y abandono que puede provocar ver a un bebé que se va en brazos de otro. Trato de entender la mentalidad de las madres de subrogación tradicional y los conflictos emocionales —y legales— que se podrían desarrollar.

Ahí está Elizabeth Kane, la prueba del error. Elizabeth se considera la primera mujer que firmó un contrato legal para convertirse en madre de subrogación en los Estados Unidos y recibir una compensación monetaria. Dio a luz al hermoso Baby Justin en 1980 y lo entregó a los padres de intención, a pesar de que ella había proporcionado la mitad de los cromosomas del bebé. La otra mitad le correspondía al padre, un desconocido para ella. Elizabeth Kane, que fue el seudónimo que usó la mujer para firmar el contrato, se convirtió en una celebridad. Vivió sus quince minutos de fama y hasta el día de hoy no se ha podido recuperar. Incluso, durante la extenuante batalla que puso en riesgo el concepto de subrogaciónn en el país con el caso de Baby M, Elizabeth sirvió de consejera a Mary Beth, la arrepentida madre sustituta de Nueva Jersey. La ironía es que el verdadero nombre de Elizabeth es también Mary Beth.

Aquella mujer, que se había convertido en madre de subrogación para ayudar a una pareja infértil, a pesar de la oposición de su esposo, fue una de las creadoras de la Coalición Contra la Subrogación, con la cual llegó incluso a testificar ante el Congreso.

Su libro *Birth Mother* es un alegato contra una práctica de la que fue pionera. Trampas del destino. Cuando aceptó que el bebé que engendraría no le pertenecería, que al cortar el cordón umbilical se acabaría cualquier tipo de conexión física con él, nunca imaginó la vorágine en la que iba a estar envuelta. Afirmó que el sistema judicial podía arrebatarle al niño de sus brazos, pero no de su memoria. Estaba condenada de por vida a ahogarse en su propia culpa. Su terapia, me imagino, fue batallar contra lo que ella misma ayudó a establecer.

Elizabeth, de treinta y siete años, estaba casada y tenía tres hijos. Algunos miembros de su familia, dice, sufrían de infertilidad. Era frustrante para ella verlos devastados. Un pequeño anuncio en un periódico local donde se solicitaba a una madre sustituta, le llamó la atención. Era de una pareja de Louisville que no podía tener hijos. Logró convencer a su marido, que estaba renuente a que ella participara, y los llamó.

Con tres meses de embarazo, Elizabeth se convirtió en una figura pública. Aunque no quería que se la llamara por su nombre real ni se identificara el pueblo y el estado donde vivía, aceptó posar para la revista *People* con sus tres hijos. "Me siento muy agradecida por lo que hago", dijo entonces a la revista. El marido, por su parte, estaba convencido de que la decisión de su mujer iba a dividir a su familia. A Elizabeth no le gustaba la idea de tener que aceptar dinero por ser una madre sustituta. Su esposo incluso aseguró que no necesitaban el dinero. "Lo haría gratis", dijo Elizabeth. No obstante, los $10.000 por llevar el bebé de los padres de intención, lo recibió en dos etapas: la primera mitad al confirmarse el embarazo y la segunda en el momento en que los documentos de adopción se finalizaron.

Al dar a luz, dejó bien claro a la revista *People* que el bebé que había nacido le pertenecía al padre. "Solo ayudé a que creciera para él". Sabía que ese niño no iba a regresar con ella, que no iba a haber discusiones con la familia sobre qué nombre ponerle, como cuando tuvo a su hijo. Además, tenía asimilado que no deseaba un nuevo miembro en la familia. Sus finanzas no se lo permitían. Sin embargo, dice que lo amó desde el momento en que fue concebido y que le hablaba bien bajito cada vez que se movía o daba una patadita.

El que más sufrió durante el proceso fue su hijo. En la escuela se burlaban de él, mofándose de cuánto costaba un bebé, al hacerse público que Elizabeth había aceptado los $10.000.

Parecía simple y bien orquestado: le entregó el niño a su padre que le dio las gracias por haber ayudado a completar su familia. La gratitud del hombre la emocionó y se sintió satisfecha de haberlo hecho como un regalo de amor. David, su esposo, nunca dejó de pensar que ese bebé podría arruinarles la vida. Y tuvo razón.

Ocho años más tarde, en su libro *Birth Mother*, Elizabeth cuenta que todo el proceso de salir embarazada y la desconfianza de los que la rodeaban la sumieron en un terrible estado de inconciencia. Al nacer Justin, escribió una carta para despedirse de él: "No me perteneces".

Ella creyó que con eso bastaría, pero la vida comenzó a complicarse. La relación con su marido cambió y su hijo legal y genético estaba ensimismado en una depresión casi crónica. Sufría la pérdida de un hermano que nunca tuvo. Para él, su madre había dado a luz un bebé muerto. Un niño perdido en el limbo y que tal vez él consideraba su hermano.

Al parecer, Elizabeth cargaba con una culpa que comenzó a fomentarse en 1966. Solo tenía veintidós años y, sin estar casada, salió embarazada, tuvo a una niña y la entregó de inmediato en adopción. Ella asegura que hasta el día de hoy no ha podido recuperarse de esa pérdida. Ni el haber estado casada, ni sus tres hijos la han hecho olvidar a la niña que abandonó. Tal vez por eso se convirtió en madre sustituta. Pensaba que quizás iba a poder sanar sus heridas, pero el daño fue mayor porque al final no solo terminó por destruir su vida, sino que además desmembró a su inocente familia.

TODA ESTA INFORMACIÓN sobre madres sustitutas me hizo sentir aun más seguro de mi elección de no tomar el camino de subrogación tradicional. Mary, al menos, está conciente de que el bebé que llevará en su vientre no tendrá ni la más mínima conexión genética con ella. Mary recibirá una compensación económica, es cierto, como la tuvo Elizabeth, pero ni todo el dinero del mundo puede pagar por lo que Mary va a hacer por mí. Va a facilitar su cuerpo para albergar una vida que no le pertenece. Mary va a participar en un verdadero acto de creación humana. Su satisfacción está basada en que hará felices a otros, sin tener que abandonar a un hijo propio. Esa es su esencia. La única que puede prevalecer en una madre gestacional. Lo tiene bien claro. Y para mí esto es un milagro.

La presencia de Dios

DE CADA ETAPA de la vida uno recuerda una escena. A veces puede ser una sensación, un espacio, un estado de ánimo. Casi siempre es una anécdota. Las fotografías viejas ayudan, así como los cuentos de la familia, el impacto indeleble de las muertes, los nacimientos, los sucesos políticos y las guerras.

Tengo grabado en mi memoria el día en que no pude caminar. Aún me puedo ver en el cuarto oscuro —la única ventana daba a un patio interior— del apartamento con olor a gas de la tía Romelia, con un plato de sopa de pollo delante por la fiebre que tenía y mis tres primas que saltaban en la cama de al lado, sin poderme unir a ellas porque mis piernas me fallaban. Mi tía tenía un rosario y le había hecho una promesa a Dios —no puedo recordar cuál— si me daba de nuevo la facultad de caminar. Tenía tres años. Recuerdo también que mi papá me cargó en sus hombros y me llevó al Hospital Ortopédico Infantil en La Habana. Era de madrugada, hacía frío —rara vez hace frío en Cuba. Me aterra pensar todo lo que puede quedar grabado en la memoria de un niño de tres años.

Hasta el día de hoy, no estoy seguro de si mis piernas se paralizaron por una fiebre alta o como resultado de la desviación de la columna vertebral con la que nací. Lo que sí sé es que de mi parálisis nunca se habló. Nadie la volvió a mencionar. Pero quedó registrado.

Una vez le pregunté a mi tía si sabía por qué me había quedado paralítico a los tres años y no tenía el más mínimo recuerdo del suceso, y eso que ella es de las que guarda hasta el primer diente que se te cayó o la piedrecita que entró por tu nariz un verano y hubo que sacarla en el salón de emergencia. Por otro lado, mi mamá dice que nunca sucedió, pero ella no estaba presente, venía en camino a buscarme para llevarme de vuelta junto a mi hermana y mi abuela.

La vez que traje a mi papá a conocerte, Emma, le pregunté sobre mi parálisis. Su respuesta fue tajante, con la convicción de alguien que no tiende a equivocarse con las fechas. "Nunca te llevé al médico. Cuando tú tenías tres años yo vivía en Oriente y estoy seguro de que en esa fecha no fui a La Habana".

Lo irónico es que hoy puedo rememorar con lujo de detalles una escena de cuanto tenía tres años, que tal vez nunca sucedió, pero de marzo de 2000 a marzo de 2004 mi memoria ha caído en un *impasse*. Los dos análisis de mi esperma marcan el paréntesis. En esos cuatro años sucedieron eventos devastadores a nivel personal, profesional y hasta en la ciudad donde vivo, que tuvo el peor año de su historia. Pero en mi memoria, durante esos cuatro años me veo solo, en un abismo, mi corazón a punto de desmoronarse. Mi recuerdo es impreciso —ya sabes que condeno al olvido los momentos adversos— pero al revisar viejos correos electrónicos me doy cuenta de que nunca dejé de buscarte, a pesar de haber vivido en una abstracción. Ahí están mis cartas dirigidas a las agencias y hasta encontré una enviada a Surrogate Alternatives fechada en enero de 2003 con la respuesta de Melinda. No fue hasta un año después que firmé con ellos.

De esa época oscura, que intento tirar al olvido, solo guardo una cosa muy presente: mi acercamiento a Dios. Aunque vengo de una familia con base católica —mis abuelos, de origen español, traían la tradición cristiana—, en Cuba era ilegal creer en Dios. En una clase de filosofía en la universidad, una profesora rusa que venía de la Lomonosov, en Moscú, dijo una frase que nos dejó a todos desconcertados, no tanto por el valor de la idea en sí, sino por haberse atrevido a mencionarla en una institución educacional del estado: "Dios es abstracto. Crecimos sin su presencia. Ustedes han crecido sin la presencia de Dios. He participado en estudios donde se ha demostrado que el ateo más ateo, el hombre o la mujer más convencida de que Dios no existe, solo necesita quebrantarse, enfrentarse a un momento trascendental, ser víctima de un naufragio, o viajar en un avión que está a punto de estrellarse, para que Dios aparezca como el último recurso en su memoria. Si estamos a punto de perder a un hijo por una enfermedad y los médicos ya no saben qué hacer para salvarlo, lo único que tenemos al alcance, o lo que tendemos a buscar como redención, es la fe en Dios".

Nadie hizo ningún comentario. Ella movía su abanico de finas capas de cedro perfumadas y contemplaba nuestros rostros de asombro, mientras la traductora nos atacaba con esas ideas.

¿Recurrí a Dios como única salida para encontrarte, Emma? ¿Me refugié en una fe que no me pertenece para salvarme, o más bien para salvarte?

Mis encuentros con el padre Alexis en la hermosa iglesia del Santísimo Sacramento en el Upper West Side fueron cada vez más frecuentes. Comencé a estudiar la Biblia. Me aislaba en las misas dominicales y, entre semana, oraba y pensaba en ti y, sin mencionárselo al padre Alexis, le pedía a Dios su ayuda —sin aún saber que uno puede manipular un óvulo y un espermatozoide y provocar la fecundación, pero "que un embrión se convierta en un ser humano solo está en manos de Dios"— para que llegaras a mí.

Al saberlo, prometí que te iba a abrir las puertas espirituales para que tuvieras tu propio encuentro con Dios y te refugiaras en la religión que quisieras y no en la que otros puedan imponerte. Quería que tuvieras la oportunidad de crecer con la posibilidad de poder escoger, con la claridad de la fe, cualquiera que esta fuese.

Crecer con la ausencia de Dios, como crecí yo, con el temor de creer en Él o entrar en un templo o una iglesia, es algo que no quiero dejarte como herencia. Al menos eso lo tengo claro.

Resultados positivos

MIENTRAS BAJO POR la novena avenida, llegando a Chelsea me entra una llamada de José. ¿Quién es José? No puedo recordar, mi memoria es un desastre. Soy amable, saludo y comienza a hablarme sin parar, a justificarse diciendo que recibió mi llamada, pero que no había podido responderme. Estuvo de viaje. Su vida es muy complicada desde hace un año. Se ríe, con cierta complicidad. Y habla bajo como para que nadie lo escuche, como si me contara un secreto. ¿Quién es?

Desde que nació la niña, sale del trabajo y está todo el tiempo con ella, no tiene tiempo ni para respirar. Ya no sabe ni lo que es leer un libro. "Mi experiencia con Growing Generations fue buena". Ahí caigo, José, el de Boston, uno de los más de diez nombres que me dio la agencia como recomendación. Es el único que ha contestado mis llamadas. Tal vez nadie respondió porque mi voz sonaba desesperada, porque no me querían crear falsas ilusiones. Porque es muy, muy duro en lo que me estoy metiendo.

"Tenemos varios amigos que están ahora en el programa con

ellos". Un poco tarde para mí. Ya firmé con Surrogate Alternatives. "Ellos hacen un buen trabajo. El problema es que después de que la madre gestacional sale embarazada, se olvidan de ti".

Su niña tiene ahora un año. Todo el proceso con la donante fue muy estresante. Ella era de Nueva York y la madre gestacional de Massachussets. La distancia fue un problema. Al final, los embriones no resultaron ser de muy buena calidad. "Si nos decidimos a volverlo a hacer" —lo dice como si estuviera convencido de que va a ir en busca de un hermano para su hija—, "escogería a una donante mucho más joven". ¿Y qué edad tenía la que usó José? Veintiséis años. Gracias a Dios Alicia tiene veintidós.

Cuenta que, ante el panorama que le presentaron los embriólogos, decidieron que lo mejor era transferir cuatro embriones. Para suerte de él uno se implantó.

Me despido de José convencido de haber tomado la decisión correcta, de que he trazado el camino que quiero. De todas formas, pienso, al final, a pesar de todos los obstáculos, él tuvo a su niña.

"LA PRUEBA DEL SCSA regresó normal". ¿Pero cuán normal? ¿Eso quiere decir que mi esperma funciona aun mejor de lo que esperaba? "Al tener un resultado de veinte, eso te coloca en un buen lugar, en la categoría potencial de una buena fertilidad. Nosotros hemos tenido muchos embarazos exitosos in vitro con un número similar al tuyo". Linda, la embrióloga, me llena de esperanzas.

Sigo con mis dudas y le pregunto sobre la morfología de mi esperma que es de un 9 por ciento. "El 9 por ciento no es tan terrible. Muchos hombres se convierten en padres de manera espontánea con ese mismo porcentaje y nosotros conseguimos un buen nivel de fertilización con esa morfología. El día de la donación de ovocitos colocamos estos junto a los espermatozoides y esperamos que la fecundación sea natural. A otro grupo le aplicamos una inyección intracitoplásmica (ISCI, por sus siglas en inglés), que quiere decir que inyectamos un espermatozoide en el óvulo, para que éste sea fecundado. Cuando se obtengan los óvulos vamos a aplicar las dos técnicas, dependiendo de cómo se vea tu muestra ese día".

No importa que Linda me explique todas las posibilidades que tengo, que mi semen funcione, que los resultados sean normales, porque aún continúa en mi cabeza la idea de que mis espermatozoides son amorfos. Me los imagino deformes, en un navegar sin sentido y sin posibilidad de perforar la zona pelúcida del ovocito.

"Lo más común es que la morfología de los espermatozoides sea anormal". Linda, por lo visto, tiene una respuesta para todo. "El esperma es producido en números muy grandes, estamos hablando de muchos millones. Es habitual que muchos de ellos tengan una figura imperfecta. Eso es lo que quiere decir amorfo. No tiene un significado clínico particular. No considero que sea difícil trabajar con tu muestra y no hay razones para esperar malos resultados. Claro que siempre es posible que el esperma tenga un defecto funcional imposible de detectar con los exámenes que hoy existen".

"O sea que debo preocuparme. Hay una posibilidad latente de otra imperfección indetectable".

"Pero eso sería algo raro". Qué alivio, ahora puedo respirar. "¿Mientras tanto qué puedes hacer?" Ya lo sé, evitar los jacuzzis —para mí no existen ni existirán desde este momento— o cualquier cosa que incremente la temperatura de mi cuerpo. No montar bicicletas, no fumar y evitar cualquier tipo de medicina sin consultar al doctor Wood.

El próximo paso es que la sicóloga Sylvia Marnella, contratada por Surrogate Alternatives, me evalúe. Otro examen más para ver si estoy capacitado para soportar que una madre gestacional, una desconocida, te lleve en sus entrañas; para ver si estoy preparado para ser padre, si no me voy a volver loco en medio de todo el proceso y voy a comenzar a perseguir al ejército de desconocidos que me estarán ayudando a encontrarte. Más preguntas que contestar, pero ya me acostumbré a que mi vida sea un libro abierto. Otra vez sobre mi infancia, mis padres divorciados, mi salida de Cuba. Cada vez que hago el recuento me parece que hablo de una tercera persona. ¿Ese soy yo?, me pregunto y me veo en las escenas desde lejos, sin comprometerme.

A los pocos días Sylvia me avisa que envió el informe de mi estudio a la agencia. "Estoy impresionada con tus antecedentes y siento que serás un buen padre con un apoyo muy favorable alrededor tuyo. He preparado una carta muy positiva. Te deseo lo mejor en este proceso y una vida feliz con tu hijo o tus hijos".

Y me dio taquicardia. Otra vez la posibilidad de mellizos. ¿Cómo sería la vida con dos como tú? ¿Habría sido diferente? ¿Sobreviviríamos las malas noches por partida doble?

Una vez completados los estudios físicos y genéticos de Mary y Alicia y una vez que yo apruebe los resultados, se les darán los primeros medicamentos para preparar el útero de Mary y estimular la ovulación en Alicia y me darán la fecha para el inicio del tratamiento, la obtención de los óvulos, mi donación del esperma y la transferencia de los embriones. Alicia comenzaría con sus inyecciones en la ciudad donde vive y luego viajaría a San Diego para la extracción de los ovocitos.

Serás un bebé concebido en el verano.

El primer accidente

SOMOS CREADORES DE nuestra naturaleza. Sin aspirar necesariamente a ser Dios, podemos concebir nuestro destino. Las técnicas de reproducción asistida son una alternativa en busca de la perfección. Ser infértil o no tener la posibilidad de procrear, ya sea por una condición biológica o por esquemas sociales, es una diferenciación aplastante que te limita, que te destruye.

Mary es un órgano. ¿La miro sólo como si fuera un útero joven y saludable? ¿Voy a desprender de Alicia un óvulo, como quien extrae una médula ósea en una sala de operaciones? Alicia es una donante de órganos. No vamos a salvar la vida de nadie, no batallamos contra una terrible y mortal enfermedad, pero vamos a crear a un ser humano. ¿No es suficiente? Me voy a complementar, llenaré un vacío, eliminaré una incapacidad.

He evitado el término "alquiler" a través de todo el proceso. No hay un mercado de oferta y demanda. Mary y Alicia van a recibir un pago para cubrir el sacrificio, el sufrimiento, las molestias, sus ausencias al trabajo o a la escuela. No voy a "alquilar" un útero. Mary me va a ayudar a convertirme en papá. Ella no es un cuarto vacante.

En este proceso de manipulación infinito en el que Mary y Alicia acribillan sus cuerpos con hormonas y medicamentos, finalmente me toca a mí. Para prepararme para la donación, dos semanas antes tengo que tomar dosis altas de antibióticos. Mi muestra tiene que estar limpia de virus o bacterias.

Compro el pasaje para San Diego; pienso quedarme allí unos cinco días. Reservo un cuarto en un hotel que está en el área de la clínica. No voy a manejar esta vez. Me moveré en tren y en taxi.

El día destinado a entregar mi muestra depende de Alicia. La monitorean hasta ver cuántos folículos se han formado. Dentro de ellos madurarán o no los óvulos. Se espera que la donación sea de al menos unos ocho óvulos. No todos tienen la madurez suficiente o sobreviven el procedimiento y no todos son fecundados. Luego, durante la transferencia al útero perecen otros. Así que, entre más folículos produzca, mejor, aunque siempre hay riesgo de una sobre ovulación que requeriría paralizarlo todo, e incluso podría enviarla a la sala de emergencias. La transferencia de embriones siempre se realiza dos días después de la extracción de los óvulos.

Linda me avisa que ya tienen en su poder una muestra congelada de mi semen. Yo autoricé que la transfirieran del laboratorio de Los Ángeles al Reproductive Science Center. Aunque siempre se espera que la donación de esperma sea fresca —aumenta los niveles de fertilización—, una muestra congelada se conserva para evitar cualquier tipo de eventualidad.

Ahora, la pregunta es, ¿cuántos embriones debo transferir? Si fuera por mí, sería lo más agresivo posible. Cuatro, cinco, seis, si es posible. Linda me explica que lo habitual es que se transfieran entre dos y tres. "Sabremos más al ver cómo lucen los embriones".

Me voy a la cama sin dejar de pensar en los hermosos bebés que vamos a lograr en el laboratorio. Debo relajarme, tener dulces sueños, no olvidarme de lo bella que es Alicia, de la fortaleza y total entrega de Mary, pero me despierto sobresaltado. Tomo una ducha y me preparo para el trabajo. En la oficina recibo la primera señal: Alicia está en la clínica. "No hay mucha actividad hasta ahora", me dicen. Solo ha desarrollado cuatro folículos en un ovario. En el otro, nada. Van a aumentarle la dosis para activarle más la ovulación, a ver cómo responde. Le pregunto al doctor Wood si son malas noticias y me responde: "Vamos a evaluarla en dos días. Si no hay progresión alguna, cancelamos el ciclo".

Otra vez la espera, el futuro que no puedo trazar o imaginar. Los antibióticos me provocan náuseas. ¿O será la mala noticia? Cada segundo reviso si me ha entrado un correo electrónico nuevo. Insisto y, a pesar de lo que me dijo el doctor Wood, no he perdido y no voy a perder las esperanzas. ¿Por qué no creer en un milagro? Un día más.

Espero la llamada del doctor ansioso. Me encamino a casa y cuando llego veo que justo me llamó mientras estaba en el tren. Tengo que esperar, ahora él está ocupado. Han pasado diez minutos y sigo en la línea. "Los resultados no son buenos. Subió a seis folículos y no son grandes. Esperaba encontrarme con al menos doce. No es un excelente ciclo, ni siquiera bueno". Me dice que se puede aumentar la dosis para incrementar el estímulo. Hay mujeres que responden el último día. Pero eso sucede sólo en un 10 por ciento de los casos.

Entonces, sí. Seguiremos en el intento. Ella puede estar en ese minúsculo porcentaje. No la puedo perder. Su abuela es de origen español, como mi abuela. Su vulnerabilidad me fascina.

Sus ojos, su sonrisa me han cautivado. Ya es parte de mi familia. Sus fotos le han dado la vuelta al mundo. Todos la conocen.

Nos elegimos, pasé el examen y, después de tanto, no estoy dispuesto ahora a suspender todo por escasez de folículos. Seguiremos al ataque, provocaremos a la naturaleza, somos nosotros los que escribimos nuestro destino. El futuro está en nuestras manos. Por favor, Alicia, pon toda tu fuerza. Piensa que eres dueña de tu cuerpo, que puedes producir todo lo que te propongas, diez, doce, catorce, dieciséis folículos si son necesarios. Ahí comenzará la creación de mi hija. Mi hija está en tus manos. No me abandones.

Supliqué y no dejé de pensar en ti, Emma. Imploré. Me monté en el vagón del metro, me senté y no pude dejar de llorar. Me cubrí el rostro con las manos, escondí mi impotencia y me perdí en aquel asiento, rodeado de desconocidos que evitaban mirarme.

De pronto, sentí que te evaporabas. Dejé de verte. Al bajarme del tren, en cuanto subiera las escaleras hasta la superficie, sabía que dejarías de existir. Al menos, por ahora.

El doctor fue concluyente. "Busca a una nueva donante".

Mary me llama desconsolada. "Lo siento, lo siento". Y no paraba de repetirlo. Alicia está devastada. No solo porque todo el sacrificio fue en vano, sino porque teme no poder tener hijos. Ahora ella está en mi propia piel. Lo siento por Alicia, pero yo no sé consolar y no me gusta que me consuelen.

Me pierdo en mi cama, entre colchas y almohadones. No quiero ver a nadie. Quiero parar de llorar. Llamo a Becca y me dan una nueva contraseña para entrar a la base de datos de A Perfect Match. Otra vez la búsqueda, otra vez empezar a confiar en los rostros de extraños.

Me entra una llamada. Mi amiga Carola se convertirá hoy en madre de una niña que adoptó en Nueva York. Tiene un mes de nacida y su progenitora, una mexicana ilegal de dieciocho años, decidió entregarla en adopción desde que se dio cuenta de que estaba embarazada. Ella no sabe quién es el padre. No desea tener contacto con ella en el futuro. Lo único que pidió fue que le dijeran a la niña, cuando fuese grande, que la perdonara. No se quiso despedir de la bebé. Carola decidió llamarla Andrea.

En busca de un hogar

Vamos hasta Penn Station y tomamos el tren a South Orange. Ir a Nueva Jersey, cruzar la frontera entre Manhattan y un estado que llaman "el estado jardín" y atravesar el Hudson me provoca una sensación de abandono. Voy a dejar atrás mi pasado. Mi vida va a cambiar. Vamos a vender nuestro apartamento y crear una familia en un suburbio, lejos de la energía de la ciudad, la ciudad donde siempre hemos querido vivir, desde que la soñamos en una época en que aún no teníamos idea de que podía ser una inminente realidad.

Es como un viaje a un mundo desconocido, hacia la única alternativa, a la única manera que puede ser. Es un viaje largo, pero en realidad son solo unos eternos veinticinco minutos. La agente de bienes raíces nos espera en la estación. Vamos a ver las casas victorianas de South Orange, pero la estación no tiene nada de victoriano. Nos imaginábamos una vieja terminal europea, rodeada de cafés, con una pequeña calle principal llena de tiendas de antigüedades... muy lejos de la realidad que estábamos presenciando.

Comenzamos a recorrer la ciudad, sus casas aisladas de dos

plantas, sus jardines pobres, sus calles vacías. Gonzalo dice que es un lugar donde podríamos vivir.

"¿Estás seguro?", le preguntó. "¿Has visto el tamaño de estas casas?"

"Al menos vamos a tener bastante espacio y tendremos un patio".

"Sí, un patio que hay que atender. Un jardín que se cubrirá de nieve. Tendremos que palear la nieve para poder tener contacto con el exterior", le digo.

Vemos casas coloniales, todas con sus escaleras crujientes y sí, varios salones y cuartos. Todo está subdividido y yo prefiero los espacios abiertos, blancos y con mucha luz.

Llegamos a Montrose Park, el distrito histórico. La casa que vemos tiene tres plantas, los paneles de madera en su interior están conservados, las escaleras y los baños son los originales. Tiene puntales altísimos y un patio con el que Gonzalo ha quedado fascinado. Ahora es necesario que todo funcione, que al entrar a nuestra pequeña mansión y dar el primer portazo no comience a deshacerse en pedazos.

De regreso a Manhattan, Gonzalo está convencido de que debemos mudarnos a la casa de Montrose Park. Ya nuestro apartamento está a la venta y el fin de semana estará abierto para todos los que quieran hacer una oferta. Todo parece estar en su lugar. Bueno, no todo.

Lo que quiero es llegar al apartamento y seguir con nuestra búsqueda, la real, la importante, la única que ahora tiene algo de sentido. Porque si no, para qué deshacernos de nuestro hogar, mudarnos y terminar en un pueblo desconocido, con vecinos que no sabemos si nos van a aceptar, en un lugar donde a veces el río se desborda y cubre las calles, llega hasta las casas y destruye todo lo acumulado por años. ¿A dónde iríamos entonces? ¿En caso de una terrible nevada, cómo saldríamos o sobreviviríamos nosotros, que somos del trópico, que nunca hemos paleado nieve ni sabemos cómo descongelar el auto ni cómo manejar sobre las calles heladas y resbaladizas?

Sería aislarnos, pero Gonzalo dice que contigo, Emma, durante tu primer año de vida estaríamos de todas formas aislados, dedicados a ti en cuerpo y alma. Te alimentaríamos cada tres horas, te cuidaríamos cada segundo, cada minuto, observaríamos con atención cómo respiras, cómo duermes, cómo lloras, cómo ríes.

Karen

JULIO

VUELVO A LA base de datos de A Perfect Match. No quiero detenerme más, quiero tomar una decisión al instante, deshacerme del temor a perderte para siempre.

Ahora las opciones son más reducidas, la donante debe tener menos de veinticinco años, tiene que haber hecho una donación previa con un resultado positivo, tiene que vivir en California o mejor aun, en San Diego. Nuestras posibilidades son mínimas, por no decir nulas.

Lisa, una rusa judía de veintidós años ha donado cuatro veces —¿aún le quedarán óvulos? Y si le quedan, ¿no estarán dañados por tantas hormonas y medicamentos?—, solicita $20.000 y no puede someterse a un ciclo hasta dentro de cuatro meses. Se va a Francia a estudiar. Dios mío, la mayoría de las donantes quiere irse a París, ¿o será que planean ir a enamorarse a las orillas del Sena? ¿Esperamos por ella? Cuatro meses. Ese número parece ser mi cuenta regresiva, como aquellos cuatro años. No, no puedo esperar. La otra posibilidad es Julieta, de origen italiano. La tía Ibis me dice que será suficiente el alma latina que le voy a aportar; prefiere la rusa. Ella conoce bien la esencia rusa. Estudió filosofía en Bielorrusia.

¿Y una hispana? No, no puedo. Los estereotipos me atormentan. No los puedo cambiar de la noche a la mañana. No quiero a una mujer hispana. Siento que es más difícil que una mujer hispana se desprenda de su hijo, ya sea una madre de subrogación o una donante de óvulos. Las americanas están más preparadas para desprenderse del fruto de sus vientres, ya que muchos crecen de manera muy independiente. En las familias hispanas los hijos, si es que alguna vez se van, lo hacen al casarse. Los americanos, a los dieciocho años, los mandan a estudiar y solo regresan el Día de Acción de Gracias o en la Navidad. Pero sé que son solo estereotipos. Al final Elizabeth y Mary Beth, las dos madres sustitutas arrepentidas, no eran hispanas.

¿Y qué tal será Lisa? ¿Debo esperar? No hay nada que me una a ella. Si la selecciono es por su coeficiente de inteligencia y por su nivel de fertilidad. El proceso se hace aun más frío y calculador. Con Alicia veía una conexión, me había ganado con su raciocinio de por qué quería convertirse en donante, y encima su abuela era española.

Lisa está ahí y ya, como si dijera: "Tómame o déjame. Soy solicitada. Yo decido con quién trabajar. Entre todos los candidatos voy a escoger quien más me pague".

Es cotizada, además de los resultados positivos de su donación, porque es judía. Al parecer es la única judía entre las donantes de la agencia. Incluso es la que menos fotos tiene en su expediente. Una foto actual casi fuera de foco y una de su niñez. No hay fotos de sus padres, de sus hermanos, de diferentes etapas de su vida.

No estoy convencido. No puedo tomar la decisión tan a la ligera.

Si uno se enamora y se casa, muy pocos se preguntan sobre

las enfermedades de sus padres, de qué padecen o murieron sus abuelos o sus bisabuelos antes de tener hijos. Estás con la mujer o con el hombre que quieres y tu destino está en manos de la suerte que te toque. Al escoger a la madre o al padre de tu hijo, pocas veces indagas en los suegros que vas a cargar —para muchos siempre serán una pesadilla de todas formas— y nadie deja de casarse o de tener hijos porque uno de los abuelos es un cascarrabias o no terminó la escuela primaria.

Con una donante de óvulos, o incluso con un donante de esperma, el escrutinio se extiende hasta tres generaciones atrás. Y uno tiende a volverse exigente hasta caer en la paranoia.

No quiero terminar con este tipo de neurosis. No busco a una donante que tenga un parecido a miembros de mi familia, ni que comparta mi ideología o mis creencias religiosas. No quiero llegar a la perfección, ni que su rostro y figura cumplan con los cánones de belleza clásica.

Entonces, ¿qué exijo en la que donará el óvulo? Que sea bella, inteligente y saludable. Que sea joven, con menos de veinticinco años, que haya pruebas de su fertilidad, que haya sido donante y que de los embriones formados haya nacido un niño. También, por conveniencia, que viva en California.

Lo de la belleza y la inteligencia es relativo. Primero porque la valoración parte de una foto no profesional con la que se presentan, muchas veces puede verse un sólo ángulo. ¿Y cómo caminará? ¿Será buena persona? ¿Cómo será el tono de su voz? ¿Su gestualidad? ¿Su sonrisa? ¿Su mirada? ¿Será de esas mujeres que no paran de hablar o de las que saben escuchar? ¿Cómo será la textura de su piel? ¿Sus manos? ¿Su pies? ¿Sus orejas? Demasiadas interrogantes y pocas respuestas.

Casi todas, al menos su mayoría, estudian en la universidad. Unas cuantas están matriculadas en universidades Ivy League. La mayoría tiene resultados altos en los exámenes escolares. ¿Es esto suficiente para valorar su inteligencia? En la lista hay una graduada de Princeton que ha completado una maestría y es donante por tercera vez porque, además de querer ayudar a una pareja infértil, necesita pagar el alquiler. O sea, el título de una prestigiosa universidad no le ha servido para poder conseguir un trabajo que pague sus gastos más elementales.

Las que tienen piedras en el riñón o las que tienen madres que terminaron en emergencia por una cadera dislocada o un abuelo que murió de cáncer pulmonar por ser un fumador empedernido, muchas veces quedan descalificadas, o al menos permanecen en la lista de disponibles donantes por meses e incluso años.

Una vez más me siento a estudiar detenidamente los rostros sonrientes de aquellas jóvenes, pero en esta vuelta —¿la vigésima?— Gonzalo se detiene en una. Su número es el 170. No tiene nombre. Abro las fotos y en ninguna aparece con el traje pomposo de la graduación de secundaria, como la mayoría. En ninguna de las fotos posa como para una revista erótica o se deleita en gestos insinuantes. Me imagino a una pareja frente a esas fotos, el marido fascinado y la mujer nerviosa ante su reacción.

La donante 170 vive en California, tiene veintidós años. Ya había sido donante, donde produjo dieciocho ovocitos, de los cuales trece se fecundaron. La madre gestacional no estuvo lista y se preservaron. El embarazo fue positivo y nacieron gemelos de los embriones congelados. Sus atributos físicos son buenos, es alta, delgada, con unos ojos claros asombrosos.

Su nombre es Karen. Vino a los Estados Unidos de niña con su familia y se asentaron en California. Es la menor de sus hermanos. Habla la lengua de su tierra natal e inglés y estudia arte y leyes internacionales en la universidad.

Alguien en su familia o tal vez ella —no se especifica—

estuvo bajo tratamiento siquiátrico, al parecer por depresión. Toma alcohol dos veces a la semana, casi siempre durante la cena con amigos. No usa drogas y tiene tatuajes y algunas perforaciones en el cuerpo.

No es perfecta, no es la donante ideal, pero al menos siento que no me miente. Para mí tiene un perfil interesante, pero nos da cierta espina el que sea una rebelde sin causa. Nos asustamos un poco, vamos a sus fotos e intentamos descifrar todas sus respuestas en el enorme cuestionario de la agencia.

Ahora, cada vez la veo más hermosa. Sin dudas, es la menos convencional de todas en la base de datos. ¿Y por qué no está reservada, como la mayoría de las que pueden interesarles a los futuros padres? Es inteligente —al menos en el papel—, bella, tiene veintidós años, lo que la hace aun más perfecta para ser una donante y, mejor aun, su fertilidad está probada. ¿Será por los tatuajes o las perforaciones? ¿Porque alguien en su familia padeció de depresión? ¿O porque es europea?

En cualquier caso, todas esas dudas están a mi favor. Karen, hasta ahora, es nuestra primera y al parecer única elección.

Becca nos dice que antes que nosotros hay una pareja interesada en Karen. Primero habrá que esperar para ver cuál es la decisión de ellos. "Karen es una muñeca", me dice Becca y me crea aun más ansiedad.

Creo que voy a enloquecer. Becca, no hay nadie más que nos interese en tu base de datos. Si no es Karen, tendré que comenzar a buscar en otras agencias o incluso paralizar todo el proceso.

No nos damos por vencidos. Por lo que leo, Karen es muy sociable, muy motivada y siempre se exige el máximo. Al mismo tiempo, es relajada, sabe disfrutar su tiempo libre y le gusta todo lo relacionado con el arte. En sus ratos libres pinta, casi siempre pinturas abstractas.

Entre sus objetivos está convertirse en una abogada, seguir

con la pintura y algún día poder vender sus cuadros. Le gusta leer, ir a los museos de arte moderno y estar con sus amigos y con su familia. Quiere ser donante porque le da placer poder ayudar a las familias que no pueden tener hijos. No tiene novio y sus amigos la apoyarán en el proceso de donación. En la actualidad toma píldoras anticonceptivas, tiene el período menstrual cada veintiocho días, le dura cuatro días y menstruó por primera vez a los quince años. Que ella sepa, no hay ninguna enfermedad genética en su familia.

Su abuelo materno murió muy joven en un accidente, y de sus abuelos paternos, uno murió a los setenta y pico de cáncer y el otro a los ochenta de un infarto. La abuela materna aún vive.

Reviso el análisis sicológico que le realizaron para su primera donación. Nunca ha tenido problemas alimenticios, ni de drogas, ni de alcohol. Le recetaron antidepresivos para ayudarla durante unos meses difíciles, pero pareciera que su estado de depresión fue situacional, aclara el análisis.

Karen jamás ha estado envuelta en una demanda legal y nunca ha participado en situaciones que pudieran ponerla en riesgo de contraer enfermedades de transmisión sexual. Fue criada en el seno de una familia católica y está convencida de que la donación de óvulos es coherente tanto con sus creencias como con su ética. No le preocupan los riesgos que implica la donación. Precisamente ha tolerado las inyecciones y los análisis de sangre sin ningún tipo de problemas.

En cuanto al bebé que ella va a ayudar a crear, está conciente de que no le pertenece. Lo que sí pide es que los embriones congelados que no se utilicen sean donados para investigación médica y no se donen a otros con el propósito de concebir un segundo o tercer bebé.

La sicóloga concluye que Karen es una chica inteligente, centrada, independiente y carismática. Y a pesar de su joven edad

—la Sociedad Americana de la Medicina Reproductiva (ASRM) tiene como pauta que las donantes tengan al menos veintiún años— demuestra un alto nivel de madurez y tiene claras las implicaciones a corto y largo plazo de la donación de óvulos. Y así, recomendó a Karen para que procediera con el ciclo.

¿Qué más quiero saber? Volvemos a la base de datos y nadie más llama nuestra atención. Queremos a Karen. Le envío fotos de Karen a mi mamá y a mi hermana y quedan encantadas. Karen tiene que ser la que done el óvulo para tenerte. Tengo que poner toda mi energía a funcionar para que eso ocurra.

Becca me avisa que la pareja que tenía retenida a Karen no puede tomar la decisión tan rápido. Necesita más tiempo y prefiere dejar a Karen disponible para otros. ¡Es nuestra! Le aviso a Gonzalo. Además, Karen leyó nuestro pérfil y quiere trabajar con nosotros. Le hago la oferta de $6.000 y la acepta.

Ya está decidido. Karen aportará la célula necesaria para crearte, Emma. Cada vez siento que está más cerca el momento de conocerte.

Ahora el próximo paso es salir del apartamento. Comenzamos a mostrarlo, la respuesta ante el anuncio de venta ha sido enorme. Vienen varios a verlo, a muchos les gusta y ya tuvimos la primera oferta. Por lo visto, se va a vender antes de lo previsto.

KM vs. EG

Cada vez que voy a Los Ángeles trato de quedarme en el hotel Mondrian. Está muy bien ubicado, en Sunset Boulevard, bastante cerca de los estudios de fotografía donde trabajamos y a poca distancia de mi amiga Carmen, quien también trabaja en la revista, en la sección de negocios.

No hay nadie como Carmen para organizar cenas que parecen más encuentros familiares que reuniones de trabajo. Ella mezcla a su familia con los editores de la revista y con los clientes con una gracia única, en una acogedora casa que ella misma ha decorado hasta el mínimo detalle.

Carmen sabe que estoy en el proceso de buscar un hijo. Bueno, todos lo saben y esta vez ha querido que conozca a dos de sus buenos amigos que pasaron por el mismo proceso. Robert y Karl tienen dos niñas, una de dos años y otra de cinco meses. A la cena vienen con la niñera, que se ocupa más de la pequeña. Descubro que compartimos el mismo abogado, que también comenzaron con Growing Generations y que terminaron con otra agencia.

"Prepárate, que no es fácil. Ahora con las niñas me he olvidado de todo lo que pasamos", dice Robert. "La primera vez el análisis de sangre dio que estaba embarazada la madre gestacional. Los número eran altos y nada. Tenemos un amigo cuya madre de subrogación perdió el bebé con cinco meses de embarazo. Tienes que estar listo para todo".

¿Y cómo no lo voy a estar? La preparación comenzó en otra era. Un día me declararon infértil. Cuatro años más tarde me dicen que puedo tener hijos. Mi primera donante de óvulo terminó sin producir suficientes folículos. Les cuento todo eso y no puedo evitar que los ojos se me llenen de lágrimas. Cambio la conversación y pasamos a hablar de sus niñas, de las malas noches, de las ansias que tienen de mudarse a Tennessee, donde compraron una casa, para estar cerca de la familia. "Quiero que mis hijas crezcan rodeadas de sus abuelos, de sus tías, de sus primos".

Al siguiente día tengo un desayuno con mi editor y un representante de artistas en el Chateau Marmont. Recibo un mensaje del abogado que se tiene que comunicar urgente conmigo y pierdo toda la concentración. Ya no sé de qué hablábamos en el desayuno. Me entra la llamada y pido disculpas.

Hay un caso en la Corte Suprema de California que puede marcar un precedente negativo para todos los procesos de subrogación.

KM y EG son una pareja de lesbianas. En marzo de 2001, KM presentó una petición para establecer sus derechos maternales sobre las dos niñas gemelas que había tenido su pareja EG cinco años antes. KM alega que es la madre biológica de las niñas. Que ella facilitó el óvulo, que fue fecundado in vitro y transferido al útero de EG.

Por su parte, EG quiere hacer valer el acuerdo legal firmado por KM en el que renunciaba a los derechos de los niños nacidos de sus óvulos, que le había donado a EG cuando las dos constituían aún una pareja.

EG testificó que ella había considerado la posibilidad de ser madre soltera incluso antes de conocer a KM, en 1992. Le dijo a KM que quería adoptar un niño, inició las solicitudes y se registraron como pareja de hecho en San Francisco.

En 1993 EG visitó varias clínicas de fertilización e hizo varios intentos de inseminación artificial sin ningún resultado. KM la acompañaba a estas citas médicas y aseguró al juez que las dos tenían intención de criar el o los hijos juntas. EG asegura lo contrario: su intención era ser madre soltera.

En 1994 EG comienza el proceso de fertilización in vitro, pero fracasa por no haber producido suficientes óvulos. Al año siguiente KM acepta convertirse en donante con la condición, según EG, de que EG sería la única madre de los niños, que no permitiría que KM los adoptara hasta que tuvieran al menos cinco años y que ella sintiera que la relación era estable. Acordaron que no revelarían a nadie que KM había sido la donante del ovocito.

Ambas seleccionaron al donante de esperma y KM niega que desde el primer momento la idea fuera que EG sería madre soltera; no habría aceptado ser donante bajo esas circunstancias. Sin embargo, un documento de cuatro páginas, firmado por KM, dice lo contrario. Ahí queda asegurado que KM renunciaba a todo derecho sobre los óvulos donados y los niños que nacieran de ellos. EG, por su parte, afirma que discutió el documento con KM y dejó plasmado que no aceptaría los óvulos si KM no firmaba el documento.

Los embriones resultantes de los óvulos de KM fueron implantados en EG en abril de 1995. Las niñas nacieron en diciembre de ese año y en su certificado de nacimiento aparece bien claro que la madre de ambas es EG, no KM. Poco tiempo después de convertirse en mamá, EG le pidió a KM que se casaran e intercambiaron anillos durante la Navidad.

Ni los familiares, ni los amigos, ni el pediatra sabían que KM era la madre genética de las niñas. EG incluyó a las bebés en su seguro médico, incrementó su seguro de vida y dejó a las gemelas como sus beneficiarias. KM no lo hizo. Por su parte, las nodrizas declararon que, para ellas, tanto KM como EG eran las madres de las gemelas.

La relación de la pareja terminó en marzo de 2001. Fue entonces que KM inició su batalla legal. En septiembre de ese año EG y sus hijas se mudaron a Massachusetts para vivir con su madre.

La corte suprema reconoció como válido el documento firmado por KM en el que se asegura que ella donó material genético sin ninguna intención de convertirse en madre de los niños creados a partir de sus óvulos. Además dictaminó que KM no calificaba como progenitor porque había pruebas sustanciales que aseguraban que la única madre de intención era EG y que desde el inicio ella tenía como objetivo criar sola a los bebés. En este caso la corte dejó en claro que KM era considerada bajo los mismos términos en que se considera a un donante de esperma.

¿Cómo me puede afectar esta resolución? Para el abogado, este caso marca un precedente: a una madre gestacional se le otorga el derecho de un niño concebido en su vientre con diferente material genético al suyo. ¿Pero acaso lo que vale no es la intención de ser madre por encima de la condición de madre genética o de gestación?

EG no es una madre gestacional por circunstancia. Ella llevó en su vientre hijos engendrados por donantes de óvulo y de esperma, pero desde el inicio, como indican los documentos legales, ella era la única que tenía la intención de ser madre. Según el abogado, para futuras referencias legales, es bueno tener en cuenta que le han sido otorgados los derechos a una madre de subrogación.

Para mí, este precedente no pone en peligro mi acuerdo legal con Mary y con Karen. Mary ha renunciado a los derechos maternales del niño que lleve en su vientre como renunció en su momento KM. Si se arrepiente después es otro asunto. Karen, por su parte, donará un óvulo, sobre cuyo fruto no desea tener ningún derecho legal. Es el mismo caso de KM. Desde mi punto de vista, este dictamen de la Corte Suprema de California me protege. Para el abogado, es un precedente establecido que puede abrir diferentes incógnitas.

Regreso al desayuno y todos se sorprenden ante mi desconcierto. No pasa nada, no deseo entrar en detalles. Esta es una de esas conversaciones que te desmoronan y para mí no hay otra solución que enviarlas al olvido.

Vuelo a Nueva York nuevamente lleno de dudas.

La conexión

No creo en la suerte, al menos no en la buena. En una época, si me levantaba con el pie derecho o el izquierdo, el día estaba condicionado. He aprendido que puedo controlar con qué pie me levanto.

La buena suerte es relativa. Yo la induzco, la guío. Lo que tengo claro es que nada me cae del cielo. Hay quienes nacen con buena suerte, dicen. Yo tengo que trabajar por ella, construirla ladrillo a ladrillo y evitar cualquier error para que no se desmorone. No es que tenga mala suerte, todo lo contrario. Es que, para mí, todo lo que logro implica un largo camino de vicisitudes.

Hoy, antes de levantarme, pensé con qué pie debería comenzar el día. Hoy quiero que todo me salga bien. Finalmente —trataba de convencerme— ya tenemos a Karen, ya tenemos a Mary, todo está listo para la operación bebé.

Pero yo necesitaba saber más. Aunque la agencia garantiza toda la información sobre la donante —buscan si tiene antecedentes policiales, le hacen un examen genético— yo desconocía cómo era su vida, cuáles eran sus gustos reales, más allá de las respuestas esperadas de un cuestionario. Sé que Karen estudia en la universidad y conozco su país de origen, sé cuántos hermanos tiene. Conozco la secundaria dónde estudió, sé que vive en California, tiene veintidós años y ya fue donante de óvulo. Es suficiente para iniciar la pesquisa. Decenas de Karens aparecen en mi búsqueda en Internet. Acorto la selección hasta que, para mi sorpresa, doy con ella más rápido de lo que esperaba. En esta época de conexiones sociales cibernéticas nadie escapa. Créeme, hoy día la frase de "como buscar una aguja en el pajar" es obsoleta. Lo que uno quiere averiguar, lo encuentra.

En una página web donde la mayoría que intercambia opiniones son estudiantes, Karen es un libro abierto. Lleva un diario que actualiza más de una vez al mes, pero a veces no escribe una sola palabra en dos o tres meses.

Además de los tatuajes tiene perforaciones en el cuerpo. Voy a enloquecer. Me siento como un padre a quien un día su hija, que ha sido educada en escuelas privadas y va a misa todos los domingos, se le aparece en la casa tatuada y llena de *piercings*. ¿Qué vas a hacer? ¿Enfurecerte? Al final, es tu hija. Karen, en este caso, será la "madre" de mi hija. No hay vuelta atrás.

Le gusta el rock. Es apasionada de The Cure, Led Zeppellin, y Pat Benatar. Quiero conocer la música que escucha. Quiero saber cuáles son los gustos de la mujer que va a aportar el 50 por ciento del material genético de mi hija. Sus películas favoritas incluyen *Amelie*, *Lost in Translation*, *Fear and Loathing in Las Vegas*, *Reservoir Dogs* y *Breakfast at Tiffany's*. Al menos tiene buen gusto. Asegura también, que es una devoradora de libros.

Entre sus artistas favoritos está Ana Mendieta. Al fin encuentro una conexión con ella. Pronto va a haber una retrospectiva de Ana Mendieta en el Whitney Museum, en Nueva York. Iré a comprarle el catálogo. Tal vez podamos conversar sobre nuestro gustos artísticos comunes. ¿Debo decirle? ¿Debo hacerle saber que me he tropezado con sus aventuras en el ciberespacio?

Mejor le regalo el catálogo el día que haga la donación. Estará justificado porque sé que estudia arte, porque soy cubano, Ana Mendieta es cubana, en fin.

En su tiempo libre le gusta pintar, le encanta la década de los ochenta, no puede vivir sin la comida vietnamita y los frijoles verdes. La hace feliz estar rodeada de artistas, irse los fines de semana a las afueras de la ciudad, bailar en las fiestas, el sushi, enamorarse con intensidad. La entristece mentir; le disgustan los amigos por interés, tener falta de inspiración, estar aburrida, los hombres irrespetuosos, el fracaso, el "amor" entre comillas, arrepentirse de las cosas que ha hecho y Tom.

¿Quién será Tom? ¿Encontraré quién es en este rompecabezas? Karen y Tom. Sigo en la búsqueda. Tiene que aparecer algo más. Voy a su diario. Tendré que esperar otro día. En algún momento saldrá. Al menos sé que Tom no le dejó ningún recuerdo grato.

¿Es este tipo de mujer la que quiero? ¿Habré dado el paso correcto? De lo que estoy seguro es de que se trata de una muchacha inteligente. Bella, nadie lo duda. Interesante, por supuesto. ¿Demasiado aguda, agresiva, rebelde? ¿Qué heredará mi hija de ella? ¿Y qué buscamos exactamente? De todas las mujeres de la base de datos de la agencia, ha sido con ella con quien siento una conexión real y, a su vez, no deja de intrigarme. Al final, con ella podemos intercambiar, al menos, unas palabras sobre los artistas que nos gustan, los vaciados de Whiteread y los animales descuartizados en formol de Hirst que vimos recientemente en el Brooklyn Museum; o el *performance* de Abakanowicz en Chelsea, donde vivió por varios días en una galería y la vimos bañarse, comer, vestirse, dormir; la instalación de Mendieta en una Ceiba de la calle 8 en Miami, o de cuando la conocí durante una visita suya a Cuba, o de su terrible muerte al caer de la ventana de su apartamento en Soho —¿o será que la lanzaron, como algunos piensan? Tenemos mucho de que hablar. Algún día será.

Y tú, Emma, algún día conocerás a estos artistas para que entiendas nuestros gustos, y sabrás entonces por qué seleccioné a Karen, por qué tracé mi destino con una mujer del Báltico. Y como Czeslaw Mylosz, lamentaré "mis necios caminos, pero aún si hubiera sido sabio habría fracasado al cambiar mi destino. Lamento mis necedades entonces y más tarde y ahora, por lo cual mucho me gustaría ser perdonado".

El segundo accidente

UNA SEMANA ANTES de que Mary comenzara el ciclo de medicamentos para prepararse para la transferencia embrionaria, perdí contacto con ella. Le dejé mensajes en su teléfono, le envié correos electrónicos y no recibía respuestas. Contacté a la agencia y con delicadeza pregunté cómo estaba. Me dijeron que había asistido a la reunión mensual de la madres de subrogación y que se comunicarían con ella lo antes posible.

Entré en estado de terror. Me sucede cada vez que voy a iniciar un proceso. Más bien, después de la búsqueda, de la etapa investigativa. Es la hora de la verdad, y la inquietud me domina.

Ya Karen tenía las costosísimas inyecciones para empezar la estimulación ovárica y así incentivar la fase folicular. Según la experiencia que ya tuvimos con Alicia, Karen debe al menos producir unos diez folículos. Lo importante del proceso es que ambas deben estar cronometradas, preparadas con un par de días de diferencia, para que el implante se produzca sin complicaciones. La sincronización de la donación de óvulos con la preparación del útero es clave.

¿Acaso Mary se habrá arrepentido? Está bajo contrato. Aún no ha recibido dinero. Hasta que el embarazo no sea confirmado, ella no obtendrá el pago de los $20.000 distribuido en mensualidades. ¿Estará enferma? Recibo un correo electrónico de la oficina del doctor Wood. Debo decidir si estoy dispuesto a continuar aunque Mary no esté lista. Si la ovodonación procede, se obtienen suficientes óvulos maduros y logramos los embriones, éstos podrían preservarse hasta que estemos preparados para la transferencia.

Comienzo a enviar señales de desesperación a Mary. Estoy dispuesto a llamar a su trabajo, a su mamá. Le mando una postal por correo. Si Mary cancela, será necesario encontrar otra madre de subrogación y me quedaré sin energía. No puedo perder un segundo. Ya perdí cuatro años y ahora cada día es una semana, cada semana es un mes, cada mes es un año. Entro a la base de datos de Surrogate Alternatives y las opciones son mínimas. La agencia me dice que la ha contactado, que le ha dejado mensajes y no han tenido respuesta. ¿Se habrá ido de viaje? ¿Tendrá a la niña enferma?

Si Karen está dispuesta a proseguir, no voy a detenerla. Más tarde puede complicarse con las clases en la universidad. Lo más difícil es la sincronización, lograr que ambas tengan el período menstrual casi al mismo tiempo. Y ahora que lo habíamos logrado Mary desaparece.

Melinda, con su entrenamiento para calmar a los desesperados —ya me imagino a las madres y a los padres de intención en medio de gritos cuando algo falla— me aclara que aún tenemos tiempo. "Esperemos al fin de semana. Una de las madres de subrogación del grupo va a tratar de visitarla el sábado".

Tres días más de espera. Al menos el sábado tendremos una respuesta. ¿Y si no contesta nadie en la casa? ¿Y si Mary decidió abandonarlo todo y mudarse a Israel, donde vive la familia del padre? ¿O prefirió irse a vivir con su madre al desierto?

Mientras tanto, acepto una oferta para vender el apartamento. El cierre de la venta puede demorar meses mientras se obtiene la aprobación de la junta del edificio.

Finalmente Mary llamó. Su hija había lanzado el teléfono celular al inodoro. No tuvo tiempo de ir a una de las oficinas a cambiarlo. Le acaban de activar el nuevo equipo. Encima, su computadora está descompuesta. No quiere parecer irresponsable, pero ha sido muy difícil trabajar, cuidar a su niña de tres años y no poder contar con ninguna ayuda. Además, "las cosas con el padre de mi hija no andan bien".

No pregunté nada. No indagué sobre lo que pasaba con su compañero. ¿Habrá una separación? Demasiado estrés va a tener Mary antes de comenzar su fase preparatoria. Ella debe estar relajada para el día de la transferencia. Debe cumplir reposo absoluto. Y absoluto significa que no puede ni siquiera ir al baño; debe permanecer en cama las primeras veinticuatro horas. Nada más inoportuno, entonces, que esté disgustada con el padre de su hija.

Los problemas no parecen afectarla. Su voz transmite tranquilidad. Su tono es pausado. Hace silencio mientras espera mi respuesta. Suspira y comienza a hablar. Y ahí la ataco con preguntas. Tengo que salir de la incertidumbre. Si vamos a seguir adelante, hay que borrar todas las dudas.

"¿Quieres esperar un tiempo? ¿Un par de meses?", le pregunto, suplicando en mis adentros que diga que no. Por favor, dos meses serían dos años. "¿Quieres que paralicemos todo para que lo pienses mejor?"

"Estoy lista. ¿Quieres tú detenerlo?", responde con una pregunta. No toma la decisión. No me dice lo que quiero escuchar. Que quiere comenzar el proceso, que quiere hacerlo con todos sus deseos, que es lo más importante para ella en estos momentos, que va a tener el apoyo de toda su familia, que va a estar relajada.

"¿Quieres que comencemos?", le pregunté y recibí un monosílabo como respuesta: sí. Nada más que un simple sí. Falta escuchar que tiene ganas de sentir crecer a mi bebé en su vientre. Que quiere cuidármelo hasta que esté listo para salir.

Mary, llegó el momento. No hay nada más que buscar ni esperar. Así que ahora le toca comunicarse con los médicos y con Surrogate Alternatives. Con los ciclos sincronizados debe comenzar a inyectarse las hormonas que prepararán las capas de su útero que acogerá a los hermosos embriones que produciremos Karen y yo.

EL FIN DE semana nos vamos hasta el Whitney Museum, a la exposición de Ana Mendieta. Escenas de violencia, los trabajos con sangre, su cuerpo desnudo en la tierra, sus *performances*. Al ver su trabajo en conjunto uno siente que es como la premonición de su muerte. Compro el catálogo de su obra para regalárselo a Karen el día de la donación.

Ahora espero la llamada del doctor Wood. Va a evaluar a Karen antes de dar el visto bueno para que continúe con el ciclo. Al menos ella tiene experiencia. Si con anterioridad produjo dieciséis ovocitos, ¿cuántos debo esperar ahora? ¿La misma cantidad?

"Creo que debes buscarte otra donante de óvulos", me dice el doctor, así, sin preámbulos. Mis piernas tiemblan. Mis deudas van a aumentar. Tendré que entrar a la base de datos. "Algo está mal. Alguien está mintiendo". Dios mío, ¿ahora qué pasó? ¿Qué otro obstáculo tengo que vencer?

"Karen está embarazada".

Silencio. No se oye nada al otro lado del auricular. No puedo decir nada. ¿Qué se hace en esta situación? He leído todos los percances por los que uno puede pasar y nada sobre la posibilidad de que la donante de óvulos salga embarazada. ¿De quién? Ella firmó un contrato legal donde se compromete a abstenerse de relaciones sexuales durante el período de inducción ovularia. Además, ¿cómo se atreve a tener relaciones sexuales sin protección? ¿Cómo la agencia puede tener en su lista a alguien tan descuidado?

"La decisión es tuya. No sé cuánto vas a poder confiar en ella. Si igual decides trabajar con Karen, porque de veras es la donante que quieres, debemos esperar unos tres meses después de que se haga una interrupción para comenzar otro ciclo". Todo el dinero perdido. Las inyecciones, las consultas con el médico, los ultrasonidos, los análisis de sangre. ¿Y ahora qué le digo a Mary? Ella que ya estaba lista, que había hablado con su mamá para que la ayudara con la niña durante el ciclo.

Becca, de A Perfect Match, no entiende qué ha pasado. "Es una muchacha seria". Eso no me dice nada. Karen ha incumplido el contrato. Y no solo tuvo relaciones sexuales, sino que no se protegió. "Acabo de hablar con ella y la siento sincera. Acababa de darse cuenta de que estaba embarazada". Si se hace un aborto, solo tendríamos que esperar seis semanas para el próximo ciclo. Pero de la oficina del doctor Wood me aclaran que una interrupción puede hacer disminuir la producción de folículos si se continúa con un ciclo de inmediato.

Otra decisión que tengo que tomar. Becca me envía el correo electrónico que recibió de Karen donde pide disculpas y siente mucho haber provocado la situación en que estamos todos. Ya tiene cita para ver a su ginecólogo mañana para terminar ese embarazo inesperado. Cuando esté lista, va a ser todo lo que esté a su alcance para completar un ciclo para mí, si es que estoy dispuesto a darle una segunda oportunidad. Pregunta cómo me siento y me envía sus más profundas disculpas. Nada la hará más feliz que continuar conmigo y está abierta incluso a encontrarse en persona y mantenerme al tanto de todo el proceso.

No puedo detenerme ni para analizar las consecuencias ni para alargar demasiado la espera. No hay nada más que pensar. Seguiremos adelante con Karen.

Regresamos a Miami

TODO PUEDE CAMBIAR en un segundo. Hoy me levanté —¿con el pie derecho?— y decidí hablar con Richard, mi jefe. Vendido el apartamento mis opciones se han limitado a mudarme a las afueras de la ciudad. Debería pedir un año de licencia, mudarme a Miami, dedicarme al bebé y luego replantearme mi futuro. Al final es mi destino. Yo lo construyo. En Miami tengo a mi mamá, a mi hermana, mis primos, mis amigos. Estoy en una disyuntiva.

No hay posibilidad de conseguir un apartamento de dos cuartos en la ciudad con mi presupuesto, pero por ese mismo valor puedo comprarme una casa en Miami. Incluso puedo alquilar ese primer año y entonces decidir si regreso o no a Nueva York. Nadie en la revista lo sabe. Nadie en mi familia se imagina siquiera esa alternativa. Con Gonzalo no lo he discutido a fondo, pero cada vez me convenzo de que es lo mejor para el bebé, para nosotros. Después de tanto sacrificio por convertirme en padre, si no puedo estar al lado de mi hijo los primeros años no tiene sentido.

¿Me lo permitirá la compañía? No me pueden negar un año sin salario, si ya hay editoras que se lo han tomado. Además, llevo siete años con la revista, así que era tiempo de tomar un descanso de las entrevistas, de concebir las portadas, de editar.

Richard, mi jefe, quedó estupefacto. Pensé que iba a ser una discusión que no iba a tener una respuesta inmediata, que debería ser consultada con otros de la compañía. Inclusive pensé en la posibilidad de quedarme como consultor, gestionar exclusivas, pero no estaba listo para la opción que me ofreció mi editor.

Hubo un breve silencio. "Múdate a Miami, pero no tomes la licencia. Trabaja desde la casa y ven una vez al mes a Nueva York".

Me tomó de sorpresa. ¿Debo aceptarlo? ¿Espero hasta mañana? ¿Cuáles serían las objeciones? "Me parece buena idea", le contesto agradecido, "pero los viajes a Nueva York tendrán que posponerse hasta que el bebé tenga al menos cuatro meses".

La conversación fue breve. Mi mamá no lo podía creer. Gonzalo veía la posibilidad de regresar a Miami tan lejana, que al convertirse en realidad creo que se sintió desconcertado.

Ahora tocaba comenzar a buscar una casa en Miami. Revisamos las páginas de bienes raíces, mi hermana y mi mamá iban a ver las propiedades disponibles en el rango de nuestro presupuesto y nos enviaban las fotos. El próximo fin de semana nos iríamos a Miami. No podíamos perder ni un segundo.

Y así comencé a imaginarme tu cuarto, Emma, de colores claros —ni rosado ni azul—, los rayos de sol en tu ventana, la vista al patio, tu cuna blanca. Dejábamos Nueva York, la ciudad donde siempre habíamos soñado vivir, para regresar a Miami. Y me di cuenta de que, en ese instante, mi vida había cambiado.

El encuentro con Karen

NOVIEMBRE

CADA VEZ QUE el verano llega a su fin, soy feliz. El otoño, el invierno y la primavera son las épocas del año que prefiero. En verano Nueva York se convierte en una cloaca. Así que, al deshojarse los árboles, siento que mi vida va a cambiar también de estación. Pero en octubre me vuelvo vulnerable. Tal vez porque soy Libra, porque en octubre es mi cumpleaños y llega la evidencia de que envejezco y también porque las cosas importantes en mi vida siempre suceden al final del año. Un primero de octubre salí de Cuba; también en octubre regresamos a vivir a Miami y compramos la casa donde íbamos a preparar el nido para recibirte, Emma. Un 3 de noviembre me mudé a Nueva York y comencé a trabajar en la revista y, ahora, 18 de noviembre de 2004, voy a encontrarme con Karen. Según lo previsto, Karen va a donar sus óvulos a finales de noviembre. Y lo más importante de las fechas de esta época es que tú naciste un 14 de noviembre.

En cuanto a Karen, ¿me convencieron sus palabras como para querer regresar con ella? No lo creo. Lo que sí es cierto es que su carta me confirmó que no tomé una decisión incorrecta. Desde antes de leer su largo correo electrónico, estaba convencido de que, si ella estaba dispuesta a comprometerse a hacer un ciclo conmigo, aunque tuviera que esperarla tres meses, valía la pena.

Mis energías están por extinguirse, no tengo fuerzas para iniciar otra búsqueda a estas alturas del partido; convertir a extraños en rostros familiares, pasar otro examen, ser aprobado. Con Karen tenía ya un camino vencido.

¿Qué condición puse? Conocerla. Que nos encontráramos. Para mi sorpresa, aceptó al instante. Pero tenía sus temores: ¿estaría acaso enfadado? ¿Habrá pensado que buscaba venganza por su irresponsabilidad, por el dinero y el tiempo que me había hecho perder? Si de algo estoy seguro es de que no soy vengativo. Pero, encontrarse con un hombre que le doblaba la edad, que iba a quebrantar las habituales barreras del anonimato que conllevan las donaciones de óvulos, era un dilema. Indagó sobre mí. Becca la tranquilizó, le dio confianza. El terreno del encuentro debía ser un lugar público, así ella se sentiría más segura. Además, debería ser en su ciudad. Sacarla de su ambiente le hubiera creado más dudas.

Gonzalo y yo nos imaginábamos durante el vuelo cómo nos iba a recibir. Lo que Mary tenía de suave y tranquila, Karen lo debería de tener de imponente y activa. Íbamos a descubrir sus tatuajes, su manera de vestir. Gonzalo pensó que podía llevar un estilo gótico, yo me la imaginé más como una hippie fuera de época o tal vez rocanrolera. Pero también podía ser una Madonna a destiempo. ¿Al fin y al cabo acaso no decía que era amante de la década de los ochenta?

Nos la imaginábamos en jeans, botas, una blusa sexy, tal vez el rojo o el naranja deberían predominar en su vestuario. ¿Tendría el pelo largo? Habría que ver si las fotos que tenía en su página de A Perfect Match eran actuales.

Lo mejor es que ahora Karen era la que iba a convencerme de que trabajara con ella. Me sentí con un poco más de control. No iba a un examen. La evaluada, esta vez, sería ella. Algún beneficio tenía que sacar yo de su error, que tal vez no fue un error, sino una señal para advertirme que debía encontrarme con ella, que no me comprometiera a aceptar su código genético sin antes haber escuchado su voz, haber visto sus gestos, evaluado su mirada. Quizás se trataba de una señal para decirme que el accidente tuvo que suceder para convencerme de que debía buscar a otra. Karen fue un traspié del destino. Pero al destino lo modelo yo: si Karen está o no está, es por mi decisión.

Me dormí en el vuelo. A Gonzalo lo sentí ansioso, ensimismado. Él sí no pudo ni cerrar los ojos, aparte de los nervios. Para ese entonces le daba algo de miedo volar.

Esa noche llegamos al hotel, situado en el centro de la ciudad. Cenamos en el mismo hotel donde desayunaría con Karen al otro día. Quería conocer bien el terreno donde íbamos a movernos. Luego nos fuimos temprano para la habitación.

El encuentro sería a las nueve de la mañana. Ella había pedido esa hora para tener tiempo de asistir a sus clases de la tarde. Tenía que cruzar la ciudad, pues vivía al otro lado y en la mañana iba a encontrar exceso de tráfico. Le había dicho a Becca que había calculado que le tomaría más o menos una hora llegar al hotel. Si se demoraba, pidió que yo fuera paciente.

Bajamos al lobby del hotel a las 8:30 a.m. En el restaurante se iba a sentir mejor. Sería demasiado invasivo decirle que nos reuniéramos en la habitación, aunque teníamos un salón apropiado para el encuentro. Gonzalo, por supuesto, tenía la cámara lista. ¿Dejaría que le tomáramos fotos? Un vídeo, debemos grabarle un vídeo. Este sería el único encuentro con la mujer que aportaría la mitad de tus genes, Emma.

Mientras se acercaba la hora, nos dábamos más cuenta de lo

trascendental del momento. Te iba a ver a ti en ella. Iba a imaginar cómo serías a tus veintidós años. La gran curiosidad era la voz. Le decía a Gonzalo, ¿te imaginas que tenga una voz nasal o una voz aguda que molesta desde que escuchas la primera palabra? La voz, cómo sería la voz. El resto no me preocupaba tanto. Ahí estaban las fotos. Además, ella sólo iba a aportar el 50 por ciento.

Sentado en uno de los exuberantes sofás de terciopelo del lobby principal, comencé a buscar a Karen en cada mujer que pasaba delante de mí. Me sentía ridículo en aquel mueble rococó que le daba a mi espera un aire aun más dramático. Hacía contacto visual con cada una de las que entraba. Algunas incluso me sostenían la mirada extrañadas. Karen podía ser cualquiera de ellas. Hasta que sonó mi teléfono.

"No voy a llegar a tiempo. Creo que me demoraré unos treinta minutos más. Hay mucho tráfico".

Directa, cortante, sin espacio para las disculpas. Era así y ya. No preguntó siquiera si la podía esperar. Claro que iba a estar ahí por ella, una, dos, tres horas, todo el día si fuera necesario. Había atravesado el país para un encuentro que quedaría grabado para siempre en mi memoria. Me hablaba como una ejecutiva que está por hacer una presentación. Tómalo o déjalo. No hay opciones. Nos necesitamos los dos, pero al final ella sabe que yo la necesito más que ella a mí. Un padre de intención más o uno menos, no la afectaría. Al final de cuentas, antes de haberla seleccionado ya había una pareja que la tenía reservada y que no pudo elegirla a la velocidad a la que yo estaba dispuesto a hacerlo. Puede inclusive que me haya visto en ese momento desesperado. Solo me tomó una hora en decidirme por ella.

"Nos vemos", así se despidió y colgó. Creo que ni esperó a que yo dijera adiós. Me sentí en la escuela primaria frente a mi maestra de primer grado en medio de un regaño. Karen tenía el control. Lo más simpático es que llegué a pensar que ahora me tocaría a mí llevar las riendas.

¿Nerviosa? Para nada. Nunca imaginé que iba a tener ese nivel de seguridad. ¿Y la voz? Clara y redonda. Por suerte no era la voz de las muchachas de su edad que ya han llegado a la adultez y persisten en esa entonación que las ubica entre infantiles y sensuales. Por suerte no era la voz de una Barbie.

Pude respirar tranquilo. No me importaba que me hablara como si yo fuera el que la hacía esperar. Ella debía pensar: él me sacó de la rutina, tengo que manejar hacia el otro extremo de la ciudad, regresar e ir directo a las clases. Además, seguramente tuvo que vestirse para dar una imagen que no tiene nada que ver con ella. Dejó su atuendo escolar para presentarse como se supone que un padre futuro quiere ver a la mujer que va a donar la primera célula para la creación de su hijo, la verdadera.

Finalmente, con un sobretodo holgado color crema y un conjunto ceñido al cuerpo de blusa y pantalón negro, entró con pleno dominio del terreno. Nos reconocimos al instante. Se acercó a mí y marcó la distancia al darme la mano con firmeza. Y sonrió. Sonrió como solo ella sabe hacerlo, mostró su blanca y perfecta dentadura —es natural, nunca tuvo que usar correctores— y con sus manos, en un gesto muy femenino, retiró el pelo de su cara y lo colocó detrás de su oreja. Tenía el cerquillo recogido hacia atrás. Su rostro estaba descubierto para mí. Ella sabía que la iba a evaluar, que iba a indagar en cada línea de su cara.

No tenía nada de maquillaje. Sus ojos estaban delineados en negro al ras de las pestañas superiores lo que hacía resaltar aun más su color imponente. Las cejas, muy claras, estaban depiladas a la perfección y seguían la línea natural de la caída de sus ojos. Sus labios tenían un rosado natural. Su cuello largo, sin joyas, solo una fina cadena de oro. ¿Tendría algún pendiente? No usaba perfume. Llevaba el cabello por encima de los hombros en un corte bastante recto.

Karen era definitivamente alta. Sí, ya sabía su medida, pero ere aun más impactante al tenerla al lado. Intenté, con discreción, ver si llevaba tacones altos. No. Un par de botas negras.

"Disculpa la demora". No lo puedo creer. No esperaba su disculpa. Pensé que yo era el que tenía que pedir perdón por haberla sacado de su rutina. Yo, un padre de intención desesperado porque me done el maravilloso óvulo que tendrá su código genético, o sea, el de una mujer de belleza excepcional, inteligente, con una voz segura, clara y hermosa. No te preocupes, fue lo único que atiné a decir para dármelas de que no tenía ninguna ansiedad. Si no eres tú será otra; depende de ti que decida crear a mi hija con tu cotizado y sobrevalorado óvulo. Pero no. Estoy seguro de que percibió que yo quería devorarla a preguntas. Solo me quedé con su olor, su sonrisa, su mirada, sus gestos, la calidez y la firmeza de su mano. El único contacto físico que me permitió.

Al entrar al restaurante, me atreví a colocarle el brazo sobre su hombro, muy suavemente, casi sin que ella lo percibiera. Creo que hice contacto solo con su abrigo de cachemir. Ella se quitó el abrigo, colocó su cartera de piel en el piso —pude ver su cuerpo delgado, su talle corto, sus piernas largas, sus caderas rectas— y abrió el menú.

"¿Qué vas a pedir?". Es increíble esta mujer. Sabe que tiene el control. Y sin esperar mi respuesta le hizo una señal al camarero y ordenó café, jugo de naranja, huevos revueltos y tostadas. Sonreí y pedí lo mismo.

"Quiero que sepas que siento mucho lo que hemos pasado". ¿Cómo? ¿Habla en plural? Lo dice como si yo también tuviera la culpa de que ella se hubiera embarazado, ella fue quien incumplió el contrato y tuvo relaciones sexuales en medio del ciclo.

Ella sabía muy bien —y lo pudo comprobar— que las inyecciones y píldoras con las que debe estimular con agresividad su aparato reproductor la hacen más fértil. ¿Qué esperaba? Ese era el objetivo de bombardearse con hormonas, ¿no?

"No lo busqué, fue un accidente que nos ha dejado a todos en una mala posición". ¿Pero de qué habla? Por favor, exclúyeme de tu error. Soy una víctima de tu irresponsabilidad. Por dentro voy a reventar con miles de preguntas, con frases que nunca le voy a decir porque solo estoy capacitado para interrumpirla con un "no te preocupes, esas cosas pasan".

Y ella sigue su diatriba de disculpas, con su voz convincente, con sus ojos que saben cautivar, con su encantadora sonrisa. Y yo lo que quiero es preguntarle por ella, por su familia, por su infancia en un país báltico. "Quiero que esta vez funcione. Te garantizo que todo va a salir bien y te agradezco que hayas tomado la decisión de seguir conmigo". Al fin siento que está de mi parte. Y sí, quiero seguir contigo, me dan ganas de gritarle, pero contengo mi desesperación. Me gustaría decirle que estoy fascinado con su modo de hablar, de tomar el control de una situación que te coloca en desventaja y salir a flote con la convicción de que los errores se dejan en el pasado y que uno tiene que perdonar —yo sé perdonar, Karen. Y al hablar e interrumpirla la llamo Karen y el nombre finalmente se me hace real, no más una clave para entrar a una base de datos donde las mujeres desnudan su historial genético.

Karen comienza a comer y hecha los hombros hacia delante, alarga su cuello y, de pronto, se me hace vulnerable. Había llegado mi turno.

No tiene acento en inglés porque vino con sus padres de niña. Ha regresado varias veces a su país. La última fue el año pasado para los setenta años de su abuela. Le gusta regresar, pero su vida está en California. Le teme a las grandes ciudades. Sueña con ir algún día con sus cuadros a una galería en Los Ángeles, pero no sabe si pueda sobrevivir la dinámica de sus calles, la energía de la gente. Me dice que nunca ha visitado Nueva York ni Miami. Le digo que, si va, no deje de avisarnos. Ella sonríe y veo que su respuesta es "eso nunca va a suceder, esta es la última vez que nos vamos a encontrar". Quiero que me hable de sus cuadros. "Son abstractos", es lo único que me dice. Y ahora la veo más niña. Tiene veintidós años. ¿Qué esperaba? Le hablo de mí. De nuestro primer accidente con Alicia, nuestra anterior donante. Y ella vuelve a sonreír, esta vez con una mezcla de "lo siento" y "qué bueno que sucedió porque ahora vamos a trabajar juntos".

En la medida que pasa el tiempo, veo a la verdadera Karen. Pierde la seguridad, el control de la conversación y su mirada y sonrisa delatan su fragilidad, sus temores, su soledad. Sí, la veo sola en su cuarto, con sus perros —ama con pasión a los animales, cada vez que ve un perro abandonado lo adopta hasta que encuentra a una buena familia para él—, mientras se desahoga sobre el lienzo en blanco y lo mancha con furia, de rojo y negro.

Karen no sabe hacia dónde dirigir su vida. La veo lejos de su familia y me la imagino disfrutando cada minuto de su independencia. ¿Cómo habrá sido su infancia? ¿Aún tendrá remordimientos por haber huido de su país, dejar atrás a familiares, a sus amigos de la escuela? El divorcio de sus padres quizás la haya afectado, quién sabe. O tal vez la decisión de irse a estudiar a otra ciudad haya enfurecido a su madre, que no se adaptaba a la idea de que su hija estuviera fuera del hogar. O quizás, la madre, haya tenido que dedicarse todo el tiempo a su trabajo y no le haya dado la debida atención.

Tal vez haya sido despreciada por Tom, el hombre que la entristece tanto como la mentira, los amigos por interés, el aburrimiento, los hombres irrespetuosos, el fracaso, el arrepentimiento. Tal vez aún está enamorada de Tom y no lo ha podido superar.

¿Habría sido Tom quien provocó el accidente del embarazo, obligándola a deshacerse de él y del feto porque en ese momento de su vida lo último que necesitaba era complicarse?

Como ahora yo tenía el control de la conversación, decidí introducir el tema de una de sus artistas favoritas: Ana Mendieta. Había una posibilidad de que sospechara que había estado indagando demasiado en su vida privada, que había encontrado esa información en una página personal de Internet, pero ella tiene que saber que en el ciberespacio la privacidad es una ilusión. Al final, no me molestaba que lo pensara: así quedaría en evidencia que mi interés por ella iba en serio y que no estaba dispuesto a tolerar ningún tipo de error. De todas formas la introducción fue fácil: le apasiona el arte, Ana es cubana, yo soy cubano. Partí de la retrospectiva de su obra que le había dedicado el Whitney Museum. Le dije incluso que debería ir a Nueva York porque se trataba de una oportunidad única.

Nunca me dijo que era una de sus artistas favoritas. Me dijo que su obra fue tema de uno de los cursos que recién había tomado y que le había llamado la atención el nivel de compromiso físico de Ana con sus piezas. El cuerpo se convierte en parte del discurso, le aclaré; ella es, en sí misma, su obra. Todas sus piezas llevan la idea de una identidad fraccionada. Está su infancia, el exilio. Los rituales de sacrificio se vuelven políticos tras la mirada de Ana. Hablamos de sus piezas realizadas en México. A Karen le había fascinado *Cuerpo mutilado sobre paisaje*. Y me lo dijo con cierta timidez. Como si el título de la obra fuera a delatar su esencia. No quería mostrarse de manera multidimensional. Solo quería que yo viera su rostro hermoso, sus calificaciones y los resultados de sus pruebas genéticas.

Pero yo iba más allá. Y ella percibió rápidamente de quién era ahora el que tenía el control y con sutileza le dejé saber que no tenía planes de perderlo, al menos no delante de ella. Hablamos también de la violencia y la muerte a flor de piel en toda la obra de Ana. Y hasta llegamos a la crudeza de *Escena de violación* o *Plumas sobre una mujer* o *Muerte de un pollo*, en las que Ana protagoniza una obra donde el desnudo y la sangre y la mutilación llegan al espectador como una bofetada.

Karen parecía ahora una alumna. Quise ver en ella las motivaciones altruistas y económicas que la llevaban a donar partes de su cuerpo sin importarle los efectos secundarios a largo plazo, ya fueran infertilidad, o desarrollar cáncer, una infección que podría provocarle la muerte o una sobreovulación que la mandaría directo a la sala de emergencias.

Cada vez se me hacía más vulnerable. La vi desvalida y también vi que su escudo protector, su arma, era su belleza, pero a medida que la iba conociendo mejor, su caparazón se desmoronaba.

A nivel sensorial ella me dominó con su rostro, y desde sus orígenes la belleza se asocia con el bien, así que no va a abandonarme. Karen va a cuidarse para que su cuerpo esté listo para producir las células perfectas que necesito.

Nos despedimos con un abrazo. No hubo besos en las mejillas. La acompañé hasta la salida del hotel y, ahora sí, le coloqué el brazo sobre la espalda, intenté protegerla y la sentí más pequeña a pesar de su gran estatura. En la acera, Gonzalo le dijo que íbamos a fotografiarla. Creo que se asustó un poco. Se colocó a mi lado, sin dejar de sonreír. Deslicé mi brazo hacia su cintura y sentí su cuerpo. Ella posó. Luego se separó, caminó y se sintió incómoda con la cámara. Gonzalo logró grabar unos segundos de ella mientras se alejaba.

Esperó con paciencia la luz. Iba cabizbaja, caminaba despacio, como si evitara dar un traspié. Sabía que la mirábamos. Tal vez pensaba que la seguíamos con la cámara. No, no la grabábamos. Nunca miró hacia atrás. Esos escasos metros deben haber sido una eternidad para ella.

Mientras esperaba el cambio de la luz, cruzó los brazos, se encogió de hombros como si tuviera frío y vi que conservaba su suave sonrisa. A esa distancia comprendí mejor lo que llamó después "sus taciturnos ojos, sus párpados caídos" los cuales dice que tú, Emma, heredaste de ella. Verla partir me llenó de tristeza. Me sobrecogió su fragilidad. La vi indefensa.

Al llegar a la otra esquina, cruzó a la derecha y aceleró el paso. Me detuve en su perfil por última vez. Era como la escena de un vídeo en el que quisiera hacer una pausa y, contra mi voluntad, volviera a su movimiento original.

Mientras doblaba, inclinó su rostro hacia mí, sin hacer contacto visual, aún cabizbaja y con su sonrisa perenne. Cerró los ojos, como si quisiera decirme adiós y la perdí en una esquina más de aquella ciudad.

No la vi más.

Los milagros

SON LAS CUATRO de la mañana y me despierto, pero no es una de esas interrupciones en que luego de cerrar nuevamente los ojos recuperas el sueño de inmediato. No. No solo tengo los ojos abiertos, sino que mi mente ha comenzado a reproducir una película que aún no ha sucedido.

Nunca pienso en la falta de sueño o el insomnio, y mucho menos en los sueños o las pesadillas. Si me desperté, es lo que me tocó. Ya dormiré mañana. Pero me mortifica protagonizar una historia en la que no quiero participar. Al menos no durante la noche antes de donar mi esperma. Entonces comienzo a manipular el sueño y llevarlo adonde quiero, ¿pero es un sueño o estoy realmente despierto?

Ayer recorrimos La Jolla. Almorzamos a orillas del océano, vimos los lobos marinos mientras se daban un baño de sol, las mansiones y, como siempre, Gonzalo repitió una de sus frases favoritas: "Aquí podría vivir". Fuimos al museo de arte moderno y entramos a una tienda en la que compramos un enorme jarrón de madera oscura, alto y delgado. Es el recuerdo del día en que te hicimos, Emma. *Va a tener tu edad. Siempre va a estar con nosotros*, pensé.

En su último correo electrónico, Karen me había deseado un maravilloso Día de Acción de Gracias. Esperaba verme durante la donación —no pensé que fuera a suceder— y me aseguró que todo estaba en regla. Y en la oficina del doctor Wood me lo confirmaron.

"Acabamos de ver a tu donante y ha reaccionado muy bien a los medicamentos. Tiene entre ocho y diez folículos en formación. La volveremos a chequear mañana. La extracción será el miércoles o el jueves".

Nada puede fallar. Ya calculé todas las posibilidades. He tratado de no dejar nada al azar en mi dramaturgia. Karen está invadida de gonadotropinas para estimular el crecimiento de los folículos ováricos. Por lo visto, funciona. No creo que haya que aumentar la dosis. Me imagino que ya recibió el último tratamiento hormonal porque para la extracción deben haber pasado unas treinta y seis horas desde que fue inyectada. Van a suministrarle un sedante en vena y recibirá una punción transvaginal para obtener los preciados óvulos, todo monitoreado con una ecografía. Ahí estarán los doctores Wood, Anderson y Adams. Le insertarán una sonda a través de la vagina y un porta agujas será colocado con precisión para llegar, sin desviarse, a los folículos. Los óvulos se extraerán y ya yo me preparé para mi donación de esperma. Tanto Karen como yo hemos estado bajo antibióticos suministrados por vía oral durante los últimos días.

Mary, por su parte, ya comenzó con el tratamiento de Lupron, debe tener controlado su nivel de estradiol y haber desarrollado las capas necesarias en su útero para facilitar la implantación de los embriones escogidos para su transferencia.

Todo está cronometrado. Tenemos que estar atentos a cualquier llamada del doctor en las próximas veinticuatro horas.

Estoy citado en la clínica a las doce del día. Gonzalo, Esther

María y su marido, Néstor, se quedan abajo, en el centro comercial. Llevo una camisa roja, para mi buena suerte, y nada de esencias. Karen ya está en el salón de operaciones. Le entrego a la enfermera el catálogo de la exposición de Ana Mendieta con una nota: "Siempre estaré agradecido por haberme ayudado a cumplir mi sueño de convertirme en padre".

Otra vez me preparo para producir una muestra de esperma, la definitiva, la clave, la que va a ayudar a formar a mi bebé.

Espero afuera unos minutos por la doctora Adams. Ella sale algo seria y me dice, "esta muestra no es lo que esperábamos". Casi desfallezco y me aclara entonces que no me preocupe, que tienen mis espermatozoides congelados, los que transfirieron desde Los Ángeles, en caso de que no podamos obtener uno con mejor calidad. Me pidió que bajara a la cafetería, me tomara un té y, si podía, hiciera otra donación. "¿Llegaste ayer a San Diego? Nosotros siempre recomendamos que los padres vengan dos días antes, que descansen el día anterior y luego dejen la muestra". Pero nadie me lo advirtió y yo pasé el día entero por las calles de San Diego, hasta el agotamiento. Aún hoy no me siento ni los pies. Así que debo haber aniquilado todos mis espermatozoides.

"No, no voy a bajar a tomar un té", le dije. "Quiero hacer la donación ahora mismo".

Treinta minutos más tarde produje otra muestra, como un autómata. "Esta sí está bien. Ahora vamos a trabajar", me dijo la doctora.

"¿Y qué hago ahora? ¿A dónde me voy? ¿Quién me va a localizar?", le preguntó.

"Ya te avisaremos. Ten tu teléfono encendido todo el tiempo. En veinticuatro horas sabremos frente a qué estamos". Una buena noticia, se lograron extraer trece óvulos.

No es tiempo de mirar atrás, pero ahora que estamos más

cerca de nuestro encuentro, aunque sea a nivel celular, no puedo dejar de pensar que eres un milagro. Mi milagro.

Aún no tienes nombre, aún no eres siquiera un embrión. Hasta ahora, solo tenemos dos células a la espera de que se unan. Pero ya comenzaste a existir. Ya tienes dos semanas. Porque la vida comenzó desde el momento en que los folículos se desarrollaron.

Así que, para mí, ya existes. Y la incertidumbre es menor porque ahí están Louise Joy, Zoe, Alba, Adam y Valentín, los niños milagro. Ellos iniciaron el camino y tú vas a tomar ventaja de todos ellos para formarte.

La primera bebé probeta, Louise Joy, fue concebida en noviembre de 1977 y nació en Inglaterra el 25 de julio de 1978. Al principio, fue un simple experimento, y terminó por revolucionar la concepción humana. Estábamos frente a una nueva era. Louise Joy tuvo una hermana, Natalie, también creada en un laboratorio. Cinco años más tarde del nacimiento de Louise Joy, la magia continuaba. En Australia, Zoe se convertía en la primera niña nacida de un embrión congelado.

En Barcelona, una pareja que podía transmitir la hemofilia a sus hijos, decidió tener un bebé in vitro y, a nivel embrionario, seleccionaron el sexo. Las hembras pueden ser portadoras, pero los varones tiene un porcentaje mayor de posibilidades de padecer la enfermedad. Se analizaron siete embriones y se escogió el sexo para que naciera una niña. Y en 1997 nació Alba.

La evolución de las técnicas de reproducción asistida ha traído, a su vez, nuevos debates bioéticos. El nacimiento de Adam, en Colorado, en el año 2000, marcó la era de los bebés de diseño. Otros prefieren el término de "bebé medicamento".

La idea era concebir a un niño, Adam, que fuese compatible con Molly, su hermana. En este caso la niña, de apenas seis años, padecía una enfermedad mortal, anemia de Falconi. Para sobrevivir necesitaba el transplante de células madres de un recién nacido compatible con ella. Adam fue creado a su medida, al utilizar una muestra de citoplasma de una donante.

Crearlo tuvo tres premisas: que no padeciera la misma enfermedad que su hermana, que hubiese compatibilidad con ella y que fuera un embrión viable. Al final, no todos los embriones se convierten en bebés, como bien me dijeron a mí: "está en manos de Dios". De su cordón umbilical, entonces, se obtuvieron las células salvadoras.

El bebé de la doble esperanza, como algunos lo llamaron, nació para salvar una vida. Hoy fueron las células madres, mañana podrá ser un riñón o un pulmón. ¿Sus padres lo verán como un experimento, como un banco de órganos? O sea, al nacer, Adam debía confirmarse como un salvador, de lo contrario sería desechado. No solo bastaba con estar sano o ser un embrión de calidad, tenía además que cumplir la principal razón de su búsqueda: aportar el medicamento, en este caso las células madres que Molly necesitaba para sobrevivir.

En el año 2000, también nació Valentín, el primer niño francés concebido a través de la técnica de Diagnóstico Genético Preimplantacional (PGD, por sus siglas en inglés) y se convirtió en el primer bebé eugenésico. En Valentín se buscaba una superioridad genética, no para salvar a otro niño, como en el caso de Adam, si no para que fuera perfecto. Se trató más bien de una especie de corrección genética.

Los padres de Valentín habían perdido ya tres hijos por padecer una deficiencia enzimática en el hígado. Lo que hicieron los médicos fue extraer una o dos células del óvulo fecundado, antes de implantarlo en el útero, y estudiarlas para detectar cualquier tipo de enfermedad. El niño, esta vez, nació sano y salvo.

Hoy los embriones que no se transfieren al útero pueden ser criopreservados a bajísimas temperaturas para su ulterior uso.

También puede utilizarse la técnica de inyección intracitoplasmática (ISCI, por sus siglas en inglés), en la que se introduce en
el óvulo un espermatozoide escogido por su calidad para aumentar las posibilidades de la fecundación. Y para ayudar a que el
embrión se adhiera, este puede ser sometido al *hatching* asistido.
La idea es perforar la cubierta protectora del embrión, casi siempre con un ácido, para posibilitar su salida del embrión y su ulterior implante.

¿Cómo nacerás tú? Ya pronto lo sabrás. Por lo menos tengo a
mi disposición todas las técnicas para traerte al mundo. Ahora
solo tengo que esperar.

Mis trece bebés

DICIEMBRE

ERAN LAS 6:30 A.M. Iba a ser otro día largo. Tenía que esperar la llamada de la clínica para ver cuántos óvulos, de los trece, terminaron fecundados. A las siete, ya estaba bañado, vestido y listo para recorrer la ciudad. No quería quedarme en la habitación. Mientras los demás se despertaban y se preparaban, di vueltas alrededor del hotel. Era una mañana fría. Al mediodía habría calor. Así es el clima en San Diego.

Desayunamos en un café en La Jolla. Esther María, que tiene debilidad por los perros, comenzó a acariciar a un labrador y este le ladró y le mordió un seno. Todos se asustaron. ¿Debemos ir a emergencia? Al parecer fue superficial. El dueño del animal ni se inmutó. El camarero preguntó si necesitábamos ayuda. "Eso te pasa por acariciar animales sin pedir permiso. El perro estaba enfadado o enamorado de ti. Quién sabe", le dije.

Nos fuimos a una tienda de plantas y nos asombramos con la variedad. Gonzalo quería llevarse varias muestras consigo. Pero Néstor tenía razón: muchas de esas plantas no sobrevivirían el clima tropical de Miami. *En estos momentos un espermatozoide por cada uno de los trece óvulos debe haber ya perforado la membrana celular. Los dos núcleos se deben haber fusionado y aportado cada uno su dotación genética. El cigoto ya está en camino.* Ahora hay que ver cuántos cigotos sobrevivirán la ecuación en un tubo de ensayo, pensé, entretanto. Luego le pregunté a un empleado sobre la especie Hosta Dream Weaver, pensando que tal vez se dé en la Florida, pero mis pensamientos están mas allá de esta tienda. *El cigoto se comienza a dividir en dos, tres y hasta cuatro células por el tiempo que lleva en incubación.* El empleado comenzó a explicarme cómo cuidarlas, pero lo interrumpí al recibir la primera llamada del día.

"Se lograron fecundar los trece óvulos. Hay que esperar a ver cuáles logran sobrevivir hasta mañana".

Ahora Mary tenía que estar lista para la transferencia, que sería alrededor de las once de la mañana. Le dejé un mensaje. Ya había llegado el momento.

Desde que recibí la noticia hasta el otro día en la clínica quedé bloqueado. Trato de recordar y no puedo. Es un vacío, debo haber estado ensimismado, me imagino, mientras elaboraba el guión de errores. Después de que los óvulos se fecundan, solo un 70 por ciento tiende a sobrevivir. A veces es menos. De trece, si sobreviven seis estaré feliz.

Llegamos a la clínica media hora antes de la transferencia. Todo estaba listo, pero Mary no acababa de llegar. Suham, la recepcionista, me dijo que la habían llamado y le habían dejado varios recados. Comenzó el pánico.

¿Dónde estás? Casi le grito. Gonzalo intentaba calmarme, diciéndome que no había necesidad de agregarle más estrés al momento. Tenía razón, ¿pero qué trabajo le costaba ser puntual? Los embriones no podían esperar por ella. Si no llegaba a tiempo tendríamos que cancelar la transferencia y criopreservarlos. Y luego sabe Dios cuántos de ellos sobrevivirían la descongelación.

"Estaré ahí pronto". O sea, aún no estaba en el edificio, ni siquiera en el estacionamiento. Puede que ni en La Jolla. Le pedí que manejara con cuidado; fue lo único que podía imponerle a esas alturas. En vez de venir con su marido con el tiempo necesario para descansar y estar relajada en el momento en que le colocaran los embriones en su matriz, Mary estaba llegando tarde y algo alterada.

La doctora Adams salió a recibirme y me entregó las fotos con los trece embriones. "Aquí tienes a tus bebés".

"Son mis hijos. ¿Cuántos vamos a transferir? ¿Dos, tres, cuatro, cinco, seis?", le pregunté.

"Tres, es mi consejo. Es mi número de suerte. Sé que firmaste para reducir el número de fetos si el embarazo es múltiple, pero al ver la calidad de estos embriones casi te puedo asegurar que todos se van a implantar", dijo Adams.

Gonzalo y yo nos tomamos fotos con las dos copias polaroides de los trece embriones. Vi al doctor Wood, por primera vez expresar sus emociones. Estaba contentísimo con los resultados. "Con embriones así hablamos de un 70 por ciento de posibilidades". ¿Pero 70 nada más? Eso es como si me lanzaran un vaso de agua fría en la cara. Esperaba un 100 por ciento. Nada es seguro. Adams me muestra los tres embriones que seleccionó.

"Los mejores. Los nueve restantes los vamos a criopreservar. Uno solo, que no es muy bueno, lo vamos a desechar".

Así, lanzarlo a la basura, un embrión que no cumplió la leyes de la naturaleza. ¿Que su división no era perfecta? ¿Que el número de células no eran pares? ¿Que tenía más de un núcleo? ¿Que estaba fragmentado? ¿Que en vez de esfera parecía un óvalo? ¿Que los rezagados espermatozoides estaban incrustados en su impenetrable zona pelúcida? Quién sabe los problemas que tenía. Pero ahora iba a terminar como un desecho humano. ¿Y quién garantiza que los restantes, en el nivel de desarrollo en que están, no tengan alguna aberración cromosomática que impida que evolucionen y se transformen en fetos? No todos los embriones, lo sabía, se convierten en bebé. Eso no está en mis manos, ni en las del doctor, ni en la preparación uterina de Mary.

Entonces, la próxima decisión a tomar era si ser más agresivos y lanzar a la deriva más de tres embriones o seguir los consejos de la doctora. Si transferíamos seis, tendría que estar preparado para inyectar a cuatro de los fetos, en caso de que todos se implantaran, cloruro de potasio en sus pequeños corazones para detener los latidos. Incluso, si se adherían los tres, ya me había comprometido con Mary a destruir uno de ellos. Mi firma estaba estampada en el contrato. No había vuelta atrás.

"¿Y cuál es el porcentaje de posibilidades de que pierda el embarazo si utilizamos la reducción fetal?"

La doctora me explica que ese no es el asunto. "Las probabilidades de perderlo son mínimas. Son de un 5 por ciento".

"¿Un 5? ¿Y quién quita que yo no esté en ese 5 por ciento?"

"El problema es el desgaste emocional que conlleva. Piensas que puedes, pero en el momento de tomar la decisión es bien difícil, créeme".

Y le creí. No sabía cómo decirle a Mary que estaba arrepentido, que no era capaz de clavar una aguja en el minúsculo corazón de uno de mis hijos. Tendría que tirar una moneda al aire y decidir a quién aniquilar. Esa era mi única opción. ¿Al de la derecha, al del centro, al del medio?

Tal vez la decisión más acertada era transferir solo dos embriones. Si se pegaban dos, por ahí Mary estaría dispuesta a llevar el embarazo a término.

Tres. Tenía que transferir tres. Tenía que ser más agresivo. Estábamos frente a un porcentaje alto de posibilidades, pero era un 70, no un 100 por ciento.

Decidido. Mary fue al salón de operaciones. Tenía que estar

relajada, recordar momentos placenteros. El doctor insertó un catéter en su vagina con los tres embriones de clase A y de cuatro células cada uno, y los pasó del canal cervical hasta el útero cuidadosamente preparado. Le pidieron que se colocara boca abajo, con las rodillas plegadas a la altura de su pecho. Después de la transferencia debía quedarse en reposo por unas horas. De ahí fue transportada en silla de ruedas hasta su auto y se le recomendó que permaneciera en cama por dos días, sin siquiera levantarse para ir al baño.

Mis tres bebés ya comenzaban a crecer en el vientre de Mary. Comenzaban a dividirse en miles de células. Pronto se convertirían en unos hermosos fetos.

En ese momento ya tenían dos semanas y tres días de edad.

¿Es un embrión una persona?

LA TRANSFERENCIA FUE un éxito. Me imagino que eso quiere decir que no hubo ningún percance, que no hubo sangramiento. Pero no hay garantías. Nunca hay garantías en las técnicas de reproducción asistida.

Al ver las fotos de mis bebés, una y otra vez, no puedo dejar de visualizar sus destinos. Uno abandonado, tres en el interior de Mary en medio de la batalla por sobrevivir y nueve dormidos en el hielo. Son de clase A, lo que los hace casi perfectos —pero en la reproducción asistida nada es perfecto. De ellos, cinco fueron fertilizados de manera natural —si es que puede hablarse de algo natural aquí— y ocho a través de la inyección intracitoplasmática (ICSI). O sea, los primeros fueron logrados in vitro y el resto mediante el ICSI del espermatozoide. Se usó una aguja siete veces menor que el diámetro de un cabello para penetrar el citoplasma del óvulo y así inseminarlo.

Los tres embriones transferidos al vientre de Mary eran de cuatro células cada uno y a uno de ellos se le realizó el *hatching* asistido para viabilizar su implante. De los nueve que fueron criopreservados siete son de cuatro células y el resto de dos.

La familia está feliz. Mi mamá tiene ilusiones de que va a

convertirse en abuela dentro de nueve meses. En mi oficina han seguido paso a paso la extracción, la transferencia y hasta mi doble donación de esperma.

En medio de mi euforia, recibo un correo electrónico de Karen en el que me agradece el libro de regalo, me desea suerte y felices fiestas y me abre la puerta para mantenernos en contacto.

Le mandaré fotos de mi bebé después de que nazca. Trataré de mantenerme en contacto con ella sin que sienta una intromisión excesiva. Es una relación que, a la larga, puede llegar a ser beneficiosa para el niño.

Ella no es la madre, lo sé, madre o padre es quien tiene la intención de serlo y cría, educa, juega y pasa malas noches con sus hijos. El resto son donantes, portadores, códigos genéticos.

Estoy comprometido con mis doce bebés. Incluso con el desechado me siento como si hubiera cometido un pecado. Bueno, quién decide qué es pecado y qué no lo es.

¿A dónde habrá ido a parar mi pequeño bebé imperfecto? ¿Al limbo? ¿A ese espacio entre el Paraíso y el Infierno, la zona gris donde por siglos han lanzado a los niños que mueren y no han sido bautizados? Por suerte, ya el limbo no existe. La Iglesia decidió abolirlo. Así, de la nada. El limbo para el papa actual era una hipótesis teológica, no un dogma. Si todos debemos ser salvados, si esa es una de las premisas de Dios, entonces me siento más tranquilo. ¿En un final, qué culpa tiene un embrión, un recién nacido, un niño, de que sus padres no lo llegaron a bautizar?

Que tú nazcas es obra de Dios. Dios es creador de la vida. Dios está de mi parte. Dios no te va a abandonar. ¿Y la Iglesia?

La infertilidad es una batalla ganable. Las técnicas de reproducción asistida han provocado una verdadera conmoción en la Iglesia Católica.

Antes de ser implantados, los embriones ya son seres humanos. Al menos eso lo dejó establecido la Congregación para la Doctrina de la Fe en el documento *Donum Vitae*, e hizo un llamado "urgente a salvaguardar los valores y los derechos de la persona humana en las intervenciones sobre la procreación".

Para la Congregación, el embrión obtenido por el proceso in vitro es un ser humano y tiene derecho a la vida. Hablamos de dos, tres, cuatro u ocho células, dependiendo de su desarrollo. Para otros, el embrión vuelve a su orden natural en el momento en que es implantado en el útero. ¿Pero en qué momento se convierte en un ser humano? ¿Desde el primer latido del corazón, la primera señal del cerebro? ¿O cuando está desarrollado y su nacimiento es inminente?

El error inicial que encuentro en el *Donum Vitae*, es que la procreación solo es vista a través del matrimonio. Al hijo le es otorgado el derecho a ser concebido en el matrimonio, desarrollado en el vientre de la mujer y educado en el matrimonio. El hijo es el signo permanente de la unión conyugal, se asegura en el *Donum Vitae*. Pero la realidad es otra. ¿Qué pasa con los niños de madres solteras abandonadas por sus maridos? ¿Qué pasa si uno de los padres muere por causas naturales o por un accidente? ¿Quién le niega, entonces, el derecho al hijo?

Al mismo tiempo, consideran que la maternidad de subrogaciónn es ilícita pues "representa una falta objetiva hacia las obligaciones del amor materno, de la fidelidad conyugal y de la maternidad responsable".

La oposición a la intervención médica, incluso en matrimonios en los que uno de sus miembros sea estéril, es contradictoria. Por ejemplo, si un ser humano tiene una enfermedad mortal, ¿su destino será admitir su deterioro hasta los últimos días o batallar con ayuda de la ciencia? Enfermedades que eran terminales hace dos siglos, hoy pueden ser curables gracias al desarrollo tecnológico y médico. ¿Es prudente renunciar a los avances y seguir los mandatos del destino? Si una pareja es infértil, ¿por qué no puede recurrir a las nuevas técnicas de reproducción para corregir sus imperfecciones si, al final, el único creador es Dios?

Una nueva instrucción de naturaleza doctrinal, *Dignitas Personae*, pretende ir aun más lejos y le da al embrión humano, desde el principio, "la dignidad propia de la persona". Algo que no se atrevieron a hacer en el *Donum Vitae* debido a que, según la nueva instrucción, "no querían pronunciarse explícitamente sobre una cuestión de índole filosófica". ¿Pero cómo considerar a un embrión de dos células una persona si en el mismo *Dignitas Personae* se asegura que solo un tercio de las mujeres que buscan la ayuda de la reproducción asistida terminan con un bebé? Todos los embriones, es sabido, no se convierten en feto. La mayoría de ellos no vencen ni siquiera la etapa de división celular. ¿Entonces, puede ser considerado un embrión de dos células una persona con todos sus derechos?

Negar la vida a través de las técnicas de reproducción asistida es cegarse ante la realidad constituida por más de un millón de niños probetas que han nacido en el mundo. En el mismo *Donum Vitae* se asegura que "la vida humana es sagrada porque desde su inicio comporta 'la acción creadora de Dios'".

VAMOS A VISITAR a mi amiga Marina en su apartamento en Nueva York. Ella y Alex han comenzado a buscar un bebé. Es hora. "Hacemos la tarea todos los días". Marina tiene cuarenta años. "Estamos muy cerca. ¿Y ustedes?".

"Ya hicimos la transferencia", le explico. "En quince días sabremos. Nuestro hijos tendrán la misma edad".

El hermanastro de mi amiga Tatiana acaba de tener trillizos en San Diego. Los niños nacieron prematuros. La madre sustituta es la que está en problemas. El parto se complicó y perdió mucha sangre. Al parecer, va a tener que someterse a otra operación. Le van a hacer un histerectomía. Ya no podrá volver a ser madre sustituta. Ya no podrá tener más hijos.

El tercer accidente

"ME SIENTO EL vientre cargado", me cuenta Mary. Es una buena señal, supongo. Al menos pienso que vamos a tener un bebé. Aunque nos hacíamos la ilusión de tener gemelos. Lo que Dios quiera.

Mary se siente bien y tiene la extraña sensación de que algo crece en su interior. Estamos ilusionados. Ella también. Pronto tenemos que pensar en un nombre. Todavía no. Es muy pronto. ¿Es mala suerte nombrar a un bebé que aún no está concebido? Bueno, los míos están concebidos, que todavía estén o no implantados es otra cosa.

¿Trillizos? No. Sería demasiado. Mira lo que le pasó a la madre sustituta del hermanastro de Tatiana. No quiero ningún otro tipo de accidente. No quiero que le pase nada a la maravillosa Mary. Ella se emociona, a su manera. No es muy expresiva, lo sé. Ya me acostumbré.

El 16 de diciembre estamos invitados a una fiesta para celebrar la víspera de San Lázaro. Una "cubanada", como dicen mis amigos de Nueva York. Jorge y Hugo lo esperan cada año en su casa en el centro de Miami, rodeada de plantas exóticas y un minizoológico con leopardos, monos, cocodrilos y cacatúas que tienen en el jardín. Recién llegados de Cuba fuimos a una de esas fiestas.

El 16 de diciembre sabremos también qué tendremos: un bebé o dos bebés. Mary irá a las diez de la mañana, una de la tarde en Miami, a hacerse la prueba de sangre para detectar si está o no embarazada.

SON LAS DOS de la tarde. Voy a la cocina a preparar una ensalada. He estado relajado. Todo el mundo está a la espera de la noticia. Mi mamá y mi hermana me han llamado ya dos veces a ver si sé algo. Si hubiera sabido algo lo gritaría. A la noche, lo anunciaríamos en la fiesta de San Lázaro al resto de los amigos. Sería una buena celebración. Encendería una vela y pediría que mi bebé o mis bebés se desarrollen bien en el vientre de Mary. Que nazcan sanos y hermosos. Debo llevar algo morado a la fiesta. Es el color de San Lázaro.

No he terminado de preparar la ensalada y recibo la llamada de Ángela, de la clínica. "Negativo". Y un silencio nos separa.

"¿Eso quiere decir que hay que repetir el examen?", le pregunto, confundido.

"Lo siento. La semana que viene el doctor hablará contigo y conversarán sobre cuál es el próximo paso".

"¿Hay algún margen de error? ¿Y Mary?"

"Esperaremos a que le vuelva la menstruación".

He caído en el 30 por ciento. No me tocó el exitoso 70. Demasiadas ilusiones. ¿Y ahora a quién llamo? Gonzalo me ve la cara.

"¿Nada? ¿Qué pasó? ¿No nos habían dicho que esos tres embriones se pegarían?"

¿Qué le puedo contestar? Nos engañaron. Mary no hizo lo que debía hacer. Tal vez debemos cambiar a la madre sustituta.

Comenzar otra vez, pasar el examen, ser elegidos, elegir. Meses y meses más de búsquedas. ¿Y si son los embriones? Tal vez mis embriones tengan "aberraciones cromosomáticas" y nunca se van a convertir en un feto, y menos en un bebé. Mis embriones, que son mis bebés y que aún no han tenido la oportunidad de convertirse en persona, son huérfanos guardados en el hielo. Pero ya tendrán un padre, ¿por qué no? Si son de clase A, los de cuatro células sobreviven mejor el momento crítico de la descongelación.

"¿Qué vas a hacer?", me pregunta Mary cuando hablamos.

La verdad es que no sé. Ahora tengo que volver a pensar y tomar otra decisión. No soporto tomar decisiones. Y ahora me tocará llamar a mi mamá y a mi hermana y ser consolado, y me debilita ser consolado. No soporto consolar, ni que me consuelen.

"¿Tú quieres seguir?", le pregunto a Mary. Y ella me contesta con la misma pregunta. "Quiero a mi hijo, es lo único que pido", le respondo.

Pero esperaba más de Mary. Que dijera que sí, que hay que seguir la batalla, que esto fue un accidente y nada más. Que la próxima vez va a resultar. Que tal vez debemos ser más agresivos e insistirle a Adams que en vez de tres queremos transferir cuatro o seis o todos los embriones que nos quedan. Quiero oír que Mary está comprometida conmigo y lista para sacrificarse en la búsqueda de mi bebé.

Después de hablar con el médico la llamaré de nuevo y ahí tomaremos una decisión. Ya todos lo saben en las agencias. Melinda y Becca me dan el pésame como si hubiera perdido a un hijo. Bueno, he perdido a tres de mis hijos "no personas".

Mi mamá no lo puede creer. Mi hermana está destruida. No quiero oír más preguntas. Jorge me llama para darme las instrucciones para llegar a la fiesta, pero no puedo ir, no puedo darle la cara a todos y contarles de mi fracaso. He perdido a tres de mis bebés. No hay velas para San Lázaro. No habrá ropa morada.

Demasiadas esperanzas. "Este tipo de embrión se pega", así me dijeron todos en la clínica. Entonces, la culpa tiene que ser de Mary. Tal vez su hija de tres años no la dejó hacer reposo. No resistió la inmovilidad.

O es una señal de que no voy a ser padre. Ya probé todas mis fuerzas. Y siento que me he quedado sin energías.

El hermanastro de Tatiana obtuvo los óvulos con su primera donante. La madre gestacional salió embarazada de la primera transferencia. Los tres embriones se implantaron. Hoy es padre de trillizos. Y a mí me tocó caer en el 30 por ciento.

No soporto deprimirme. Tengo que salir de este hueco. A todo uno se sobrepone. Es un accidente más. Ahí esperan mis nueve bebés dormidos en tubos conservados a baja temperatura; uno de ellos se convertirá en una hermosa y saludable niña. No tengo dudas porque la última noche de 1999 te soñé. Y cada vez te veo más cerca. Este es un obstáculo más que tengo que vencer. Tu rostro indefinido en el sueño me ayuda a continuar. No desaparezcas de mi mala memoria. Aún estás ahí.

Ahora tengo que ser más pragmático. Basta de melodramas. En esta vuelta ni siquiera me voy a refugiar en Nina Simone. No quiero ser una víctima de mi fracaso. Gonzalo comienza a recoger la casa. Luego se pone a trabajar en el jardín. Ya llegará el momento de hablar, de reconstruir el guión de errores. Cómo no pensamos en este. "Negativo o positivo". Dos simples opciones.

No logro descifrar si el dolor viene del fracaso o de la pérdida. Ese es mi destino.

Me pongo a revisar el presupuesto. Los gastos han llegado a la estratósfera. El día que venga mi hija estaré en la ruina, inundado de deudas. Quiero saber a cuánto asciende la cifra. Hasta cuánto me puedo endeudar: todo tiene un límite.

Entre abogados, laboratorios, consultas médicas, la preparación de Mary para la transferencia y la extracción de los óvulos, he gastado $67.659,29. Y no estamos ni a mitad del camino. Pero bueno, mañana será otro día.

Gonzalo no quiere que recibamos a nadie en la casa. Mejor veamos una película o pongámonos a leer. Música no. Necesito silencio. Y me doy cuenta de que para el fracaso estoy preparado. A lo que sí no estoy dispuesto es a perder a mis bebés, uno por uno. Tres de un solo intento. Tal vez debí haber sido más cauteloso y transferir dos, o quizás uno. Si Mary es la causante de que los resultados sean negativos, sacrifiqué a mis bebés.

Ya es tarde. Es mejor acostarse a dormir. Que pase el tiempo lo más rápido posible.

Antes de acostarnos, mi amiga Marina nos llama. Está embarazada.

2005

El encuentro

Empezar de nuevo

ENERO

SI LA VIDA comienza desde que se forma el embrión, entonces, he perdido tres hijos. ¿La vida comienza al nacer o desde que estamos en el vientre? No puedo ver sus rostros. No sé si alguna vez existieron. Si debo o no debo olvidarlos. Si van al cielo, ¿cómo serán sus vidas? ¿Tendrán rostros? ¿Si nunca existieron en la tierra, existirán en otra dimensión? Necesito verlos para recordarlos.

Tengo dudas con respecto a continuar con Mary. Hablo con el médico. Él no entiende qué pasó. Ninguno de los tres embriones seleccionados a la perfección logró implantarse. Tengo dos opciones: volver a intentarlo con Mary o buscar a otra madre gestacional.

"Si no te preocupa el dinero, puedes intentar con otra madre", me dice el doctor.

Quiero que sea más concreto. Que me diga que mis embriones sirven, que Mary puede llevar a término un embarazo con uno de mis hijos. Claro que me preocupa el dinero, pero precisamente porque pienso en el dinero es que no puedo darme el lujo

de perder todos mis embriones. "No creo que haya sido Mary".
¿Entonces quién fue doctor, usted, la luna? Mi conversación con
el médico no me llevó a ningún lugar.

Reviso la base de datos en la agencia. Volver a encontrarme
con una desconocida y entablar una relación que va a perdurar
toda la vida. Ahí está Louise. Madre de dos hijos, casada con un
militar. Es la primera vez que será madre gestacional. No puedo
detenerme en los rostros de esas mujeres que imploran ser elegi-
das. Necesito un impulso que no tengo, por lo que decido continuar con Mary.

Vamos a intentarlo una vez más. "Me llamaron de la clínica y
fueron muy fuertes conmigo", me contó Mary. "Comenzaron a
preguntarme si había hecho reposo, si había tenido relaciones
sexuales". Bueno, alguien tiene que ser fuerte, yo no puedo. No
tengo ningún derecho a reclamarle nada. Al menos la clínica
también tiene sus dudas. Quieren encontrar razones de mi caída
en el terrible 30 por ciento.

He decidido que no voy a compartir con nadie el proceso.
Será mi secreto. Llevaré la carga de tomar las decisiones. No
podré llorar ni celebrar con nadie. Así, evito que me consuelen.
Si el embarazo se confirma, esperaré a que Mary tenga las doce
semanas y entonces, sólo en ese momento, daré la noticia. A mi
familia, a mis amigos, incluso a Gonzalo.

Entro en estado de terror con las finanzas. Ya comienzan las
cuentas regresivas: la monetaria y la de los embriones viables.
Si tengo nueve embriones criopreservados, eso quiere decir que
con las posibilidades de que no todos sobrevivan la descongelación, solo tendré dos posibilidades, en caso de que decida transferir a tres.

Ahora hay que esperar a que Mary menstrúe. Después,
el médico la evaluará y le dará el alta para comenzar un nuevo

ciclo. Luego habrá que ver si hay espacio en la clínica para la transferencia.

Tal vez podremos hacerlo en febrero. Si transferimos los embriones a mediados de febrero, mi bebé nacería en octubre o noviembre. Si son gemelos entonces sería en septiembre, o quizás antes. No quiero hacerme ilusiones falsas, pero tengo el presentimiento de que mi bebé nacerá este año. Cierro los ojos y siento cómo me abraza y esconde su carita en mi cuello. Los dos somos uno.

Ella ya existe, al menos tiene una edad. Pero el tiempo se ha detenido para ella. No puede crecer. Está dormida lejos de mí. No le puedo leer por las noches, no la puedo acariciar ni en sueños, ni le puedo cantar, ni inventarle historias. No le puedo hablar para que siempre recuerde que soy su padre, que no me olvide, que siempre estaré con ella.

Pensará que la he abandonado, que la he dejado para siempre en unos recipientes herméticos de cristal, rotulados, enumerados para que no se confundan, sumergidos en depósitos de nitrógeno líquido. Han detenido su metabolismo, y así podrá vivir por semanas, meses, años. Y me doy cuenta de que la vida eterna existe. Ella es la prueba.

Mis nueve bebés tienen dos semanas y tres días. Ya fueron creados; ahora quiero que se despierten y puedan crecer en el vientre de Mary, pues para eso hice que vinieran al mundo. Quiero sentir cómo, cada mes, uno o dos o tres se transformarán en hermosos bebés hasta que un día salgan a la luz y los esperaré y llorarán y ya no habrá quien paralice sus metabolismos porque la vida ahora sí habrá comenzado.

Para continuar con Mary tengo que hacer transferencias bancarias adicionales. Le pido a todos los que me rodean que no pregunten en qué estado está el proceso. No es superstición —tal vez sí—, no es desconfianza —al menos, eso creo yo—, es una simple protección. Quiero sentirme en control, evitar los consuelos, olvidar los fracasos. Celebraremos juntos en su momento. Solo compartiré el éxito, no el fracaso. La decepción se lleva en privado, no en un acto colectivo que la magnifique. Lo único que les he dicho es que voy a seguir con Mary y que no me detendré hasta que mi hija sea una realidad. ¿Cuándo? Ya lo sabrán.

No hay una noche en que no piense en mis bebés.

Mi amiga Marina nos avisa que espera una niña. Se llamará Luna.

Mis tres bebés

MARY NO SE siente bien en su vecindario y ha decidido mudarse. Un depredador sexual convicto, recién liberado de la cárcel, se ha mudado a su complejo de apartamentos. "Hablé con la dueña del edificio y su respuesta fue que él ya cumplió con la sociedad, que fue declarado culpable y ya pagó su delito", me dijo.

Mary está alterada. Le preocupa su hija. Aunque nunca la deja sola ni le permite jugar en los pasillos, la presencia del hombre es un peligro latente. En las tardes lleva a su hija a las clases de fútbol, una vez a la semana tiene clases de equitación y teme tropezárselo en el camino. Seguramente no trabaja, cree ella, si acaba de salir de la prisión. Quién lo va a emplear. "La ley no debería permitir que pueda vivir en un edificio donde haya niños". Mary no sabe cuál fue su acto de violencia. Si abusó de niñas, si se expuso, si violó, si alguien murió. Lo único que está claro para ella es que está registrado como depredador sexual.

Ahora a mí me preocupa que ella esté estresada. Ya tiene nivelado el estradiol y ha menstruado dos veces, así que su ciclo está regulado. Todo depende de ella y de la disponibilidad del doctor Wood para hacer una nueva transferencia. Los embriones están listos para ser descongelados y, por mi parte, cuanto antes, mejor.

La madre de Mary, una enfermera recién retirada, va a dejar su condominio en San Diego para mudarse a Palm Springs con su novio colombiano. Mary está pensando en alquilar ese apartamento. Su hermana menor no desea irse con su madre, ella se niega a vivir en el desierto. Mary le propone que vivan juntas en el apartamento y ella le pagará a su madre el alquiler. Es una excelente idea: Mary estará acompañada, su hermana la puede ayudar con la niña y le será más fácil reposar después de la transferencia embrionaria.

Recibo un correo electrónico de Ángela. "Acabamos de ver a Mary y el ultrasonido dio perfecto. La semana que viene comenzará con el Lupron y, si todo marcha bien, vamos a transferir los embriones el 3 de marzo".

La doctora Adams insiste en que más de tres embriones sería riesgoso. "Para que un embrión se implante un porcentaje tiene que ver con el embrión mismo, otro con la preparación del útero y otro con la transferencia. Hay demasiados factores. Si alguno de ellos falla —y, en ocasiones, no tiene que ver con el útero ni con el embrión—, pierdes la posibilidad de hacer otro ciclo", me explicó la doctora.

Por su parte, Mary no deja de insistir en que dos es el máximo que ella puede portar. Es comprensible. El doctor Wood, a su vez, me dice que si quiero dos bebés, use tres embriones, pero si deseo uno solo, él recomienda entonces que se transfieran dos. Pero antes transferí tres y no se desarrolló ninguno. En fin, Mary va a mudarse antes de empezar el tratamiento. Es una buena noticia.

Nosotros seguimos en el proceso de remodelar la casa. Decidimos cambiar el piso. Las losas son rústicas y será un problema cuando el bebé empiece a gatear. Lo mejor es un piso de madera. Tu cuarto estaba listo. No había muebles, solo un gavetero blanco. Nos dimos cuenta de que íbamos a necesitar un sillón para balancearte. Pero hasta que Mary no estuviera embarazada y la llegada del bebé fuera inminente, no compraríamos la cuna. Y solo la armaríamos a tu llegada a la casa. Es la tradición.

HE DECIDIDO QUE tres es el número indicado. Tengo que seguir la recomendación de los expertos. Por mucho que desee transferir los nueve embriones, si el nivel de preparación del útero no es el correcto, puedo perderlos todos. Y eso sí sería una crisis. No creo estar preparado para buscar a otra donante de óvulos.

Ahora, lo que quisiera es dormir por semanas, que el tiempo se evaporara. Que llegara el 3 de marzo y luego el 16 y luego el 1 de abril. Pero hay que tener paciencia. No puedo hacer nada. Esta vez no tengo que donar esperma, no tengo que estar relajado. Todo depende de Mary y de la manera en que decidan despertarse mis tres bebés que serán elegidos para sobrevivir la edad del hielo.

Serán seleccionados al azar y del tubo de ensayo pasarán al interior de Mary, para otro cautiverio más largo: unas treinta y ocho semanas.

Llegó la hora

MARZO

Uno no se levanta y piensa que hoy es el día en que puede cambiarle la vida. Por lo menos, yo trato de evitarlo. Estoy a miles de kilómetros de distancia de donde duermen mis nueve bebés y en pocas horas van a despertar a tres de ellos. Me voy a quedar en Miami. Quiero dejar a Mary sola para la transferencia de los embriones. Mi presencia la intimida.

Me pongo a dar vueltas por la casa, vuelvo a la cama —¿qué hago para que pase el tiempo?— pienso en llamar a Mary, a ver cómo se siente antes de ir a la clínica, pero mejor no. Reviso algunos artículos pendientes que quería leer.

Russell se acaba de divorciar de Andrea. No puedo dejar de leer nada relacionado con Andrea. Hace dos meses la Corte de Apelaciones de Texas le revocó la cadena perpetua por haber ahogado a sus cinco hijos. Ahora, además de no ser madre, no tiene marido. Un hijo que pierde a su madre es un huérfano, ¿y una madre que pierde a su hijo, en qué se convierte? Pero Andrea no perdió a sus hijos: los mató. Para eso si hay una palabra. Andrea es una filicida. Sus abogados consideran que, a causa de su demencia no es culpable de asesinato. Nada nuevo: ¿quién puede estar en su sano juicio y ahogar a sangre fría a sus cinco hijos? ¿Por qué leo esto? Me deja desconcertado. ¿Saldrá libre?

Pienso en Andrea, encerrada en la cárcel, luego en un hospital siquiátrico —si un juez se lo permite— mientras intenta reconciliar el sueño. ¿Podrá dormir? ¿Tendrá pesadillas? Yo, por haber firmado un documento que autoriza inyectarle cloruro de potasio en el corazón a mi fetos, en caso de que sean más de dos, me despierto todos los días sobresaltado, ¿qué sentirá ella? ¿Andrea se considera mamá aún? ¿Recordará el nombre de sus hijos? ¿O pensará que los niños están vivos y que la macabra escena nunca sucedió? ¿Qué puede haber pasado por la mente de una enfermera, que se convirtió en madre a tiempo completo, que incluso era maestra de ellos en la casa, para quitarles la vida? ¿Un esposo abusivo y controlador? ¿El agotamiento de criarlos sola? El marido confesó que Andrea nunca había cambiado ni siquiera un pañal.

Un 20 de junio, Andrea llamó al 911. "Estoy enferma... Necesito que venga un oficial de la policía". Ese día, Andrea se levantó, se despidió de su esposo a las nueve de la mañana y fue para el baño. Llenó de agua la bañadera y, en unos segundos, ahogó a Luke, de 2; a Paul, de 3; y a John, de 5 años. Colocó los cadáveres, aún con los ojos abiertos, uno al lado del otro en la cama. Mary, de 6 meses, lloraba en el baño. Tal vez percibía la energía negativa de su madre. Pronto la niña dejó de gemir pues en un instante también la ahogó. Cuando Noah, de 7, entró al baño, aún el cuerpo de Mary yacía en la bañadera. Trató de huir, pero Andrea no se lo permitió. Lo mató de la misma manera. Llevó a Mary al cuarto y la colocó al lado de sus hermanos en la cama. Los cubrió con una sábana. A Noah lo dejó en la bañadera. Llamó al 911, llamó a su esposo. Cuando Russell llegó, no lo dejaron entrar a su casa. Estuvo cinco horas afuera mientras esperaba que sacaran uno a uno los cadáveres de sus niños.

"Maté a mis hijos", dijo Andrea así, sin inmutarse, y sin ofrecer resistencia cuando llegó la policía. Explicó paso a paso cómo les quitó la vida. Un jurado de desconocidos —que vio fotos de la bañadera, la cama, los restos de cabellos en las manos de los niños que batallaban por sus vidas, vídeo de los pequeños, felices— no pudo condenarla a muerte.

Para Andrea, ella había cometido el séptimo pecado capital porque sus hijos no eran rectos, porque ella era diabólica. Como ella los criaba, no se salvarían jamás.

Andrea y Russell eran cristianos devotos.

MEJOR DEJO A Andrea. Tengo que pensar positivamente. Cada vez que leo sobre ella quedo extenuado. Voy a llamar a Mary. Ha comenzado a llover en San Diego; dicen que va a llover todo el día. ¿Qué tipo de señal es, buena o mala? No quiero comenzar el guión de errores. No lo necesito porque ya no queda nada más por sucederme. Voy a ser padre este año. Es lo único que sé.

Hoy Mary se levantó temprano, se preparó y después del desayuno comenzó a peinar la frondosa cabellera de su hija. Con una niña de dos años y medio, su vida está bien ocupada. Como todas las mañanas, ella le dedicó tiempo a su hija, jugaron, conversaron.

Su mamá ha venido de Palm Springs para cuidar a la niña mientras Mary está en la clínica y durante los reglamentarios dos días de absoluto reposo. El padre de su hija la va a acompañar a la clínica.

Ya descongelaron los tres embriones. Mis bebés sobrevivieron el riesgoso proceso. A veces la cristalización, por la baja temperatura, los destruye. Mary está relajada, me dicen que la transferencia fue un éxito. No creo en los éxitos. Nadie me aclara en qué porcentaje caeré ahora, ni quiero saberlo.

Me llama el doctor Wood y recomienda que Mary se quede en el hotel más cercano a la clínica. La llevarán en una silla de ruedas. "Llueve demasiado. Lo mejor es que descanse. La carretera puede estar muy peligrosa".

La voy a dejar tranquila. No la voy a llamar. Que duerma. Que no sueñe. Al menos que no tenga pesadillas. Y ahora, a esperar a que pasen los siguientes quince agónicos días.

Trato de recordar canciones infantiles, tengo que saberme alguna. Las he olvidado todas. Y sólo puedo rescatar los tristes y tenebrosos boleros que mis abuelos me cantaban para dormir. *Ató con cintas los desnudos huesos, El yerto cráneo coronó de flores, La horrible boca la cubrió de besos y le contó sonriendo sus amores.*

Dios mío, ¿qué canción te cantaré? Estoy seguro de que no será *Boda negra*. Nada macabro. Ya estás en el vientre de Mary, ya has comenzado a desarrollarte, ya tengo que pensar en ti considerando que existes fuera de un tubo de ensayo y que dejaste atrás las bajas temperaturas del tanque de nitrógeno.

Estamos en el mundo real, donde ya debes haberte dividido en miles y miles de células imposibles de contar. Y yo no me sé ni una canción de cuna. Sí, ya tengo que empezar a cantarte. Todas las noches voy a susurrarte para que te duermas y, así, sentirás que estoy a tu lado. Y todos los días, al despertarme, lo primero que voy a hacer es pensar en ti.

Sé que me vas a escuchar porque estamos conectados desde el día en que te soñé, la última noche del siglo pasado. Te sentiré crecer, veré cómo te aferras al vientre de Mary y darás la batalla, porque sé que también ansías conocerme. Porque no eres de las que se rinden. Porque llevabas tres meses dormida en el hielo a la espera de tu príncipe azul. Y llegó tu hora. Recuerda, oirás mi voz y me reconocerás porque desde miles de kilómetros de distancia te diré bien bajito: "Buenas noches, soy yo, tu papá, que te ha buscado por años y no descansará hasta que te tenga en sus brazos y te dé un beso y te abrace". A partir de hoy, ya no eres un sueño: eres mi realidad.

Duérmete mi niña, duérmete mi amor, duérmete pedazo de mi corazón.

Estamos embarazados

LA VIDA ES un círculo abierto. Cada hijo que viene al mundo lo cierra y abre otro que, a su vez, deberá cerrarse, y luego aparecerá uno más en este ciclo infinito que alguien sellará. Es una cadena interminable, y los hijos son eslabones. A veces uno se conforma con vivir con los eslabones perdidos. Pero no deja de ser una ausencia curada por el hábito.

Acabo de construir mi eslabón. Lo esculpo paso a paso y en unos meses podré anunciarlo. Hasta ahora esa ilusión ha sido mi secreto.

Hoy voy a preparar una cena familiar en la casa. Todos van a estar ahí y no puedo contarles que hoy también se cumplen los quince días de la transferencia, que tengo tres eslabones que se maduran en el vientre de Mary. Tal vez me llamen en medio de la cena y no pueda gritar de felicidad, tal vez mi rostro me delate, tal vez en medio del bullicio no escuche el teléfono y me dejen un mensaje y me encierre en mi cuarto y escuche una y otra vez la única palabra que quiero escuchar: Positivo. Y entonces regresaré a la cena, sonriente, feliz con mi secreto, que tendré que guardar por dos meses más.

Hoy vendrá mi prima Iliana, que dice que desea convertirse en abuela, mi mamá, mi hermana, mi sobrino, mis primas Romy y Betsy. Estaremos todos, y habrá alguien que preguntará cómo está Mary, qué pasa con la transferencia, e incluso si ya tenemos un bebé en camino.

Mientras Gonzalo recoge la casa, vuelvo un rato a Nina Simone. No estoy deprimido: simplemente necesito refugiarme y no pensar más hasta que entre la llamada de la clínica con la palabra mágica; la única que pueden pronunciar, porque esta vez estaré en el porcentaje de los que triunfan. *I would give anything, anything I own If you'd be my love. What more, what more can I say?* Sé que va a ser una buena noticia. Estoy convencido porque durante estos quince días todas las noches le he cantado a mi bebé y todas las mañanas le he dado los buenos días. Nina me da buena suerte. Me reconforta, es mi consuelo.

Gonzalo y yo nos vamos al mercado. Necesitamos comprar vegetales. Al llegar al estacionamiento, me entra una llamada. "Felicidades, papá". Es la dulce voz de Mary, que casi ni escucho. No reacciono, no quiero decir nada para que me lo vuelva a repetir, para que me diga la palabra que espero. En la primera transferencia me dijeron "negativo" y ahora quiero escuchar "positivo". Pero Mary me felicita. "Estoy embarazada". No puedo pronunciar una palabra, tengo ganas de llorar, de reírme. Y solo le digo: "Gracias". ¿Qué más puedo decir?

Hasta ahora no siente ningún síntoma. No tiene mareos ni náuseas, pero lo mejor es que no tiene ningún tipo de dolor en el bajo vientre, ni pérdidas. Ángela me explica que el análisis de sangre muestra que la hormona gonadotropina coriónica humana (HCG, por sus siglas en inglés) dio 120. Si hubiera sido menos de 30 el embarazo se hubiera considerado negativo. Esta hormona es producida por el embrión en el momento en que se adhiere en las paredes del útero, y luego en la placenta. Al día siguiente repetirán el examen y la hormona debe haberse duplicado para que pueda confirmarse el embarazo. Una de las funciones de la HCG es prevenir la desintegración del cuerpo lúteo del ovario y mantener la producción de progesterona. Durante los tres primeros meses, Mary debe mantenerse bajo una dosis de progesterona diaria.

En la cena, mi prima Romy dice que ella ya quiere tener un bebé. Iliana, su mamá, cuenta los días para convertirse en abuela. "Yo quiero una niña. Y Mandy, yo creo que tú vas a tener una niña. Mira a tu papá, él da más mujeres que hombres (tuvo un varón y cinco hembras. Una falleció a los pocos meses de nacida)".

Trato de llevar la conversación por otra vía, pero mi mamá vuelve a sacar el tema. "¿Te imaginas que fueran gemelos? ¿Cómo van a hacer ustedes?". Ya nos arreglaremos, pero me hago la ilusión de que van a ser dos bebés. Es mejor estar preparados que sorprendidos.

ES VIERNES Y Mary se ha levantado temprano para repetir el examen de sangre y ver si se duplicó la hormona. "Lo siento. El número no es lo que esperábamos. Solo subió a 187", me dicen de la clínica. "Vamos a repetir el examen el lunes y si los números no han subido detendremos la dosis de estrógeno y esperaremos a que Mary tenga la menstruación".

No me dan explicación. Así de sencillo. Tus números no sirven. ¿Qué esperan de mí? En la clínica están entrenados para no crear ataduras emocionales. Son directos, van al grano. No te suavizan la noticia. En vez de ser 240, me llegó un penoso 187. No solo no hay posibilidades de que tenga gemelos, sino que lo más probable es que no me convierta en padre tampoco esta vez.

A Mary no se la puede culpar. Todo está en manos del embrión y su calidad cromosomática. Si hay algún error, se desprenderá. La naturaleza es sabia.

Otros tres de mis bebés lanzados al abismo. ¿Sobrevivirá alguno? Otro fin de semana eterno.

Te aferraste

"Si ustedes no se apuran, van a ser abuelos en vez de papás", dice mi amiga Cristina. Son esas conversaciones que prefieres ignorar y trato de olvidar.

Claro que me preocupa. No he dejado que el tiempo pase para disfrutar más de mi tiempo libre. No he detenido la llegada de mi bebé para tomarme unas largas vacaciones en Europa. Si no ha llegado es porque Dios no lo ha puesto en mi camino.

Mi mamá me tuvo a los veinte años. Crecí con una mamá más joven que las del resto de mis compañeros de clase. Mi mamá siempre fue mi orgullo. Era joven, estudiaba en la universidad, se hizo una profesional. Mi abuela se ocupaba de la cotidianeidad y mi mamá de la esencia. Ir a las reuniones de la escuela, las citas médicas, discutíamos qué carrera iba a estudiar. Ella y mi abuela eran el balance necesario en mi vida.

Quiero estar para mi bebé en la cotidianeidad y en la esencia. Gonzalo me va a ayudar para que la fórmula funcione. Pero mi edad me traiciona. Ya sabes que eres una niña deseada desde antes de que te soñara. No vendrás a interrumpir mi juventud. No vas a limitar mis salidas, mis vacaciones, la relación con mis amigos, mis ascensos profesionales. Tú tienes la prioridad.

Tú vas a ser mi hija, mi amiga, mis salidas, mis vacaciones, mi profesión.

Pero no tendré veinte años cuando nazcas y me aterra pensar que tal vez, cuando llegues a la edad que ahora tengo, no estaré a tu lado. Así que tengo que disfrutar cada minuto contigo. Porque para mí un segundo es una semana, un minuto es un mes, una hora es un año.

Empiezo a calcular los años que tendré en cada etapa de tu vida y quedo abatido. Un papá de veinte años es un papá ausente. Un papá de cuarenta es un papá presente, pero por un período más corto. Ventajas y desventajas que hay que poner en una balanza.

No tengo otra opción. Es así y tendremos que acomodarnos. Cuando cumplas quince años tendré sesenta y uno. ¿Te imaginas? Y la cosa se pondrá grave. A tus treinta, seré un viejo de setenta y seis ya retirado. A los cuarenta, si la salud me acompaña tendrás como padre a un anciano de ochenta y seis. Y ahí paro de contar. No tiene sentido. Por eso tengo que cuidarme la salud como te cuido a ti.

Lo bueno de haber tenido una mamá joven es que ahora vas a poder disfrutar a una abuela llena de vitalidad. Todo tiene su recompensa. Por eso tienes que nacer ya. Este es tu año, nuestro año. Así que aférrate a las paredes del útero de Mary. Da la batalla con todas tus fuerzas que aquí estoy yo, a la espera, con los brazos abiertos.

VA A SER medianoche, mañana es lunes, así que es hora de ir a la cama y, como todos los días, voy a cantarte para que te duermas tranquila.

Me despierto y pienso en ti. Mary me avisa que ya tomaron su muestra de sangre y que me llamarán de la clínica con los resultados. A veces la hormona necesita setenta y dos horas para duplicarse en vez de cuarenta y ocho. En ocasiones se implantan dos embriones y uno comienza un conteo regresivo. Aunque uno lanza las señales de que está vivo, el otro resta esa energía que sintetizan la placenta y el cerebro.

"Felicidades, el embarazo está confirmado", me avisan de la clínica

No lo puedo creer. "¿Y el número?"

"559".

"¿A cuánto se tiene que elevar mañana?", pregunté entre feliz y ansioso.

"No hacen falta más análisis de sangre. Esta es la prueba de que hay un embrión en desarrollo".

"¿Que se convertirá en feto?"

"Hasta que no detectemos en dos semanas los latidos del corazón a través de un ultrasonido vaginal, no sabremos. En ocasiones hay saco amniótico, pero el cigoto no llegó a evolucionar", me explica el doctor.

Me tocan otros quince días de espera. Mi vida transcurre ahora en lapsos de dos semanas. Pero hoy podré dormir tranquilo y sentirás mi canción de cuna más fuerte porque creces y sé que ya comenzó tu vida, porque si no, ¿para qué me llenas de esperanzas?

Los latidos del corazón

ABRIL

ESPERO A MARY en la estación de trenes de San Diego. Vamos a ir juntos al ultrasonido en busca de la prueba de que existes, de que hay un corazón que se desarrolla y no un saco vacío y sin sentido que envía señales equívocas.

Mary está rozagante. Su sonrisa me reconforta. Su ternura me da confianza. Si hoy detectamos los latidos del corazón, ella comenzará a recibir su pago distribuido en mensualidades.

Ha empezado a sentir náuseas en la mañana. Es una buena señal. Quiere decir que la hormona crece y hace de las suyas. Cada tantos segundos interrumpe su discurso y bebe agua de una botella enorme. "Me tengo que tomar casi un litro antes de llegar a la clínica". La recomendación es que tenga la vejiga llena.

Su cuerpo da señales de transformación. Está constantemente somnolienta, es más vulnerable a los olores y sus senos están hipersensibles. Ella me lo dice como una queja, le contesto que lo siento, pero en realidad lo celebro. Está embarazada. No cabe duda. Dentro del saco vamos a encontrar un palpitante corazoncito.

"Me voy a separar del papá de mi hija". No soy bueno ante estas situaciones. Como no sé consolar, voy de un "qué pena" a "cómo está la niña, debe estar grandísima". El auto está lleno de muñecas, dibujos, lápices de colores. Su hija es el centro, por lo que veo. Por suerte su hermana menor está con ella y la ayuda. Y espero que la ayude en la medida que el embarazo avance. De su mamá no me habla mucho y yo no pregunto. Lo único que sé es que estuvo presente para la transferencia embrionaria y me imagino que estará para el parto.

A mí me gustaría ver dónde vive, cómo es el apartamento, el cuarto de su hija. Pero nunca he sido invitado ni pienso provocarlo. Un día, le iba a dejar un regalo en su casa y me pidió que lo dejara en la puerta. Insistí y lo máximo que logré fue que ella saliera a recogerlo al estacionamiento. Ni siquiera pude llegar hasta la entrada.

Entiendo que quiera proteger su privacidad, que no quiera ser evaluada. Que un intruso venga y cuestione si su casa está regada, si no está limpia. Pero nunca le reclamaría nada, solo tenía curiosidad de ver el ambiente donde mis embriones se irían a desarrollar.

En la clínica siempre hay alguien que espera con cara de terror. Me entra la ansiedad por saber quiénes son, cuál es el nivel de infertilidad y desesperación que tienen. Nos miran como si fuéramos una pareja más. Entras y lo primero que hacen todos es dirigir la vista hacia el abdomen de Mary, para ver si está embarazada. Al menos nadie se da cuenta. Solo nosotros, y por eso irradiamos felicidad. La expresión de amargura y frustración está fuera de nuestros rostros. Suham no está para contarnos quiénes son los que esperan, si van a intentar un tratamiento in vitro, si contratarán a una agencia para que les busque una madre gestacional. Quisiera contarles mi experiencia, recomendarles Surrogate Alternatives, darles consejos.

Hacen pasar a Mary primero y yo me quedo en el salón principal, junto a la pareja desesperada. No hablan entre sí. Tal vez el marido no quiera gastar un centavo más en hacer feliz a su mujer, que está obsesionada con un hijo. Tal vez él tenga hijos de un matrimonio anterior. Pero con esa cara de frustración, el proceso se les va a hacer aun más difícil.

Mary está lista para la ecografía. La habitación es tan pequeña que apenas puedo colocarme a un lado de ella, que ya tiene las piernas elevadas a la espera de que el médico le introduzca el transductor, un especie de tubo blanco, cubierto con un preservativo con un lubricante estéril. Como el embarazo está en su etapa inicial, un ultrasonido transabdominal no es suficiente para los latidos del corazón.

Aunque no existen efectos biológicos documentados, entro en pánico y me invade la idea de que la prueba pueda dañar a mis embriones o provocar un aborto. Ya sé que los ultrasonidos no usan rayos ionizantes, son ondas acústicas. La frecuencia que transmiten es imperceptible para el hombre. ¿Pero no era mejor esperar que esos embriones estuvieran formados, que el feto palpitara y creciera hasta un punto en que ninguna onda sonora pudiera alterarlos? Tengo que confiar en los desconocidos. No me queda otro remedio.

"Hay dos sacos, uno más grande y otro más pequeño". Aún no es lo que quiero escuchar del médico. Si detectamos los latidos cardíacos fetales a las siete semanas, hay un porcentaje alto de que el embarazo sea viable. "A ver qué encuentro por aquí. Mira, ¿ves aquí?". Yo no veo nada. Para mí, todo lo que aparece en el pequeño monitor en blanco y negro son masas en movimiento, abstractas. "¿No ves cómo palpita? Quiero asegurarme de que todos lo vemos". Mary sonríe. Al fin se acabaron para ella las preparaciones uterinas. Y yo sigo sin reaccionar. El médico quiere estar seguro. Eso quiere decir que aún no lo está. Llama a la enfermera. Ahora sí logro ver un minúsculo puntito que se mueve al compás. Al parecer, ese es el corazón que tanto hemos buscado. Va al otro saco embrionario y nada. No hay movimiento. "No creo que se dé. Este no está desarrollado como el otro". Pero no está seguro. Hasta ahora tengo dos hijos vivos en el interior de Mary.

El médico hace imprimir el supuesto corazón de mi bebé y me entrega una foto. Al fin salgo con algo palpable. Tengo una imagen de mi hija en mi poder. "En este caso las posibilidades de que tengamos un bebé son de un 99 por ciento". O sea, queda un 1 por ciento en el cual alguien tiene que caer. Nada es 100 por ciento seguro en la reproducción asistida. "Esto luce muy bien, aunque sí, en un embarazo cualquier cosa puede suceder. Tu bebé tiene unas seis semanas y debería nacer el 22 de noviembre".

¿Cómo? Lo único que me faltaba. Mi hija va a nacer el mismo día del cumpleaños de mi patético padrastro, a quien había olvidado. Tengo que adelantar esa fecha o, mejor, atrasarla. Además, será Escorpión como él. Ironías del destino. Siempre he pensado que mi padrastro era el estereotipo de un amargo escorpión y ahora mi hija va a nacer bajo ese signo. Es como una señal para convencerme de que él fue un error de la astrología, que voy a tener una hija maravillosa y aprenderé a amar a los escorpiones.

No quiero escuchar más. Tengo dos hijos, uno de los cuales tiene un corazón que bombea a toda marcha. A la salida, la recepcionista me felicita. "¡Vas a tener gemelos!" Dios mío, en voz alta me intimida.

Mary y yo nos abrazamos mientras escuchamos "gemelos". Después de tantos intentos y fracasos, hemos salido de la clínica con algo concreto: la foto de mi hija.

EN EL AVIÓN, a punto de despegar, me entra una llamada de mi prima Romy. "Sorpresa. Estoy embarazada. Acabamos de ver los latidos del corazón". Va a nacer el mismo día del cumpleaños de mi mamá, el 30 de noviembre.

No puedo celebrar con ella. La felicito y guardo mi secreto por dos meses más.

Voy a ser papá.

El cuarto accidente

MARY ME MANDA las fotos del ultrasonido de las ocho semanas. El embrión líder está cada vez más fuerte. La buena
noticia es que al fin aparecieron los latidos del corazón en el
segundo saco. Hay esperanzas, entonces. El médico, de todas
formas, está un poco pesimista. Dice que lo ve débil, que no cree
que se desarrolle. Pero, ¿hay alguna posibilidad? Posibilidades
siempre hay.

En dos semanas el ultrasonido nos dará una idea más acertada con respecto a si alguno de los embriones quedará fuera del
juego.

La foto que recibo del vientre de Mary muestra con claridad
los dos sacos. Es lo máximo que puede distinguirse. Dentro de
cada saco, una pequeña semillita. ¿Serán dos hembras, dos varones, una hembra o un varón? No tengo preferencias. Al principio
teníamos miedo de tener una niña. ¿Qué hacer el día que haya
que llevarla al baño en los lugares públicos? De edad preescolar
no hay problemas; todo comienza a complicarse en la medida

que crecen. Y luego, la obsesión con el rosado, las princesas. Pero lo que Dios envíe será bienvenido.

El mismo día que debo recibir los resultados del ultrasonido de las diez semanas, en el que se va a definir la vida de mis dos hijos, tengo que viajar a las Bahamas. Mi editor me ha enviado a entrevistar a Shakira. Estrena un nuevo disco después de cuatro años fuera de los estudios de grabación y ha pedido que sea yo quien la entreviste en persona. No me puedo negar, no puedo explicarle a nadie que esta vez no puedo, que estoy a la espera de una llamada importante, que no me voy a poder concentrar. Como todo lo he mantenido oculto, no puedo dar ninguna justificación a mi editor y menos a Ceci, la representante de Shakira.

Es mi primer viaje a las Bahamas. Desde que llego al aeropuerto, compruebo que mi teléfono no tiene señal. La idea es ir al estudio, compartir un rato con Shakira, ver algún ensayo de la grabación y luego tomar mi avión de regreso a Miami. Desde un teléfono público del aeropuerto trataré de llamar a la clínica.

El hotel donde se hospedan la banda y el equipo de trabajo de Shakira da al mar. Es una especie de cabaña de madera de varios pisos. Ceci me espera. Nos sentamos en la terraza y comenzamos a hablar del disco, de las incansables horas de Shakira en el estudio, de la portada del disco, que quería mostrarme en exclusiva. "Nadie la ha visto. Es una gran sorpresa".

Quedo estupefacto. La foto es una Shakira angelical, como una Madonna renacentista, con aire gitano, extasiada con un bebé desnudo en brazos. ¿Es la señal que busco? ¿Habrá visto Ceci mi cara de preocupación? ¿Shakira quiere enviar un mensaje a través de su prima Luciana, de cinco meses, de que ya está lista para ser mamá?

Vamos hasta el legendario estudio Compass Point donde me

espera Shakira. Desde la última vez que la entrevisté, es otra persona. Se ha quitado las innumerables capas de maquillaje, las extensiones. Ahora estoy frente a una Shakira al natural. Está ensimismada en el disco, hablamos de la carátula que me ha sorprendido, de su relación con su novio y le pregunto, sin evasivas, si quiere salir embarazada, si está entre sus planes tener un bebé. "Es el gran proyecto de mi vida. Lo que pasa es que antes de ese gran proyecto me debo algo. Tengo una deuda conmigo misma, y es un año sabático. Antes de traer a un niño al mundo, en realidad no quiero hacer nada más que rascarme la barriga". O sea, no está embarazada. Aún es joven. Todavía está de luna de miel con su novio. Ahora la espera una intensa gira. El disco, *Fijación oral*, viene bien con la maternal Shakira. "Quería que fuera una madre universal, la madre que alimenta, que da, que protege. Me parecía un lindo concepto y me parecía que el título necesitaba una imagen, un ancla".

Terminamos la entrevista e insiste en que me quede hasta mañana, así la acompaño a la grabación. No puedo, no sé cómo explicarle que tengo que regresar en unas horas. Que no puedo pasar un minuto más en las Bahamas. Vamos al salón de grabaciones, se recoge el pelo con su bufanda y me dedica mi canción favorita del disco. *No se puede morir con tanto veneno. No se puede dedicar el alma, A acumular intentos. Pesa más la rabia que el cemento*, canta como si se le desgarrara la garganta y alarga las vocales con una potencia que es casi imposible creer que brota de su menudo cuerpo.

Logro comunicarme con la clínica. Los minutos pasan. Cada vez que alguien me deja en el teléfono y tengo que esperar por la explicación del médico es que hay una mala noticia. Lo sé. No tengo alternativas. ¿Y yo qué hago en las Bahamas? Shakira hubiera entendido. Mi editor hubiera mandado a otro escritor o podríamos haber cambiado la fecha. Pero no. Era ese día o sería imposible conseguirla. Shakira estaría en una de las portadas de la revista y no se podía perder la oportunidad de entrevistarla.

"Uno de los fetos murió". Silencio. ¿Por qué no pueden seguir la conversación? ¿Quieren escuchar mi llanto? "Poco a poco el cuerpo absorbe el saco hasta desaparecer. Eso no afecta a la otra placenta. El otro crece y su corazón late con fuerza. Lo siento, de veras que lo siento".

Y ahora yo, en un aeropuerto en una isla del Caribe, sin poder llamar a nadie, sin poder refugiarme en Nina Simone, tengo que esperar a que en tres horas salga mi vuelo. Siento que mi piel va a reventar. Estoy como intoxicado. Mi piel ha tenido una reacción extraña. Estoy lleno de ronchas. No he comido nada, no he tomado agua que no sea embotellada. ¿Entonces qué me pasa?

He perdido a mi hijo y no puedo desahogarme. Estoy en un mundo desconocido, rodeado de desconocidos que no saben, que no entienden que he perdido a uno de mis bebés.

Me aterra pensar que la muerte de uno de mis bebés pueda dañar el desarrollo del otro. El médico dice que no. ¿Le creo? ¿Qué pasa con su saco lanzado al vacío?

No me abandones. Hoy te voy a cantar antes de acostarme, al levantarme pensaré en ti. Quédate conmigo. Ya eres parte de mí. Eres un pedazo de mí. Ya no nos podremos separar jamás.

No habrá hermanos. Estarás sola. Serás hija de viejos. Lo intenté y me había hecho la ilusión de que Mary llevara dos bebés en su vientre. ¿Acaso pido demasiado? ¿No debo considerarme un hombre con suerte porque al menos te voy a tener a ti?

En la búsqueda, he perdido a cinco hijos. Los he lanzado al abismo. Ahora mismo no sé a dónde han ido a parar, pero te tendré y mi pena tal vez se alivie el día que te sienta en mis brazos.

Aún quedan seis embriones congelados. Quién sabe, si después de que nazcas, tendré fuerzas para comenzar otra vez todo este proceso enloquecedor. O tal vez espere a que salga de ti. Que me pidas: "Quiero tener un hermanito". Tendrán que pasar algunos años. Tendré que ser paciente. No hay otra vuelta.

Nos conoceremos en noviembre. No sabes cómo cuento los días. Mientras, me dedicaré a cantarte para que duermas. Solo quería que supieras que lo intenté.

Te veo y comparto con mi familia

"Este es un bebé muy hermoso", me dice el doctor Wood mientras mueve el transductor en el interior de Mary. En la pantalla del monitor ya te puedo distinguir. Ahora sí tienes forma. No eres una minúscula partícula perdida en un saco. "Aquí está la cabeza, el cuerpo, los dos brazos, las dos piernas. Un bebé completo". Me mira y se ríe. Mary busca mi reacción y yo grabo toda la escena. ¿Qué quieren, que aplauda, que salte? Hoy es el día en que todos se enterarán de que existes.

"Vamos a ver si se quiere despertar". El médico le mueve el abdomen a Mary, sigue en busca de una reacción del bebé, pero ahí está, dormido, muy apacible en su cama de líquido amniótico. Levanta un brazo y vuelve a acomodarse en su clásica posición fetal.

Hoy es el último día de Mary en la clínica. Se acabaron los viajes a La Jolla. Adiós, doctor Wood, adiós, doctora Adams. Nos toca enfrentarnos al mundo real. Un ginecólogo obstetra la atenderá, realizará sus ultrasonidos. Él estará acostumbrado a atender a madres de subrogación. No habrá sorpresas ni tendré que dar muchas explicaciones.

Me imprimen una foto en la que, por primera vez, puedo

distinguir que eres más que un embrión. A partir de hoy eres oficialmente un feto. Tienes el tamaño de un limón, unas dos pulgadas y media. Los dedos de tus manos y tus pies ya terminaron de separarse, así que has perdido esa imagen anfibia anterior. Las uñas han comenzado a desarrollarse. ¿Te imaginas? Si estás despierta no dejas de moverte. Ya tu esqueleto está formado, pero aún tiene una flexibilidad extrema. El saco se ha convertido en una placenta que ahora trabaja a toda máquina, y tu corazón bombea con tanta fuerza que ya puede escucharse en el ultrasonido. Te estás alimentando bien, pero no llegas aún a pesar ni una onza.

Se va a acabar el primer trimestre, así que los riesgos de perderte se han reducido. Ya es hora de nombrarte porque ya eres una realidad.

En el taxi, camino al aeropuerto, llamo a mi mamá. Mary está embarazada. Vamos a tener un bebé. Debe nacer en noviembre. Iban a ser dos, pero uno murió. No puedo continuar, comienzo a llorar sin control. El taxista me mira con lástima, como si se me hubiera muerto un familiar muy querido. Lo llamaron de la clínica, así que tal vez está acostumbrado a recoger pacientes desquiciados porque el embarazo no progresa o porque el proceso in vitro fracasó. No puedo contarle a mi mamá que mi pequeño bebé luchó en el útero de Mary por sobrevivir, se afincó con todas sus fuerzas, por semanas, incluso su corazón llegó a latir, pero no resistió. Quedó en el camino. Era muy débil. Ya me había hecho a la idea de que iban a ser dos, que mi hija iba a tener un hermanito. Seguro que era varón. Los embriones masculinos son más débiles y, al mismo tiempo, más pesados. Dicen que en la fertilización in vitro nacen más hembras que varones. Las mujeres tienen un cromosoma menos. Así que tú serás una niña. Lo sé, estoy convencido. Pero para eso tenemos que esperar el ultrasonido de las dieciséis semanas.

Gonzalo ya daba por sentado el embarazo. "Lo sabía. Esperaba que me lo dijeras de un momento a otro. Sabía que este viaje a San Diego era definitivo. Ya tenemos que comenzar a pensar en los nombres".

Me imagino que mientras yo estoy en el aire camino a Miami, ya Gonzalo le habrá avisado a todo el mundo. Estarán enterados su mamá y su papá en Cuba, su hermana en Brasil, su otra hermana en Italia, Esther María en Los Ángeles.

Es oficial, vamos a ser papás. Bueno, lo somos desde que creamos los embriones. Mucho antes de que fueran almacenados en bajas temperaturas y hubiéramos paralizado su metabolismo. No hay vuelta atrás. Este año nacerás. Vendrás a nuestras vidas y en ese instante todo cambiará. No seremos los mismos.

En el vuelo de regreso comienzo a imaginar tus ojos, tu rostro, tus labios. Aún eres una abstracción. Pronto tendrás nombre. Es lo primero que haremos al llegar a Miami.

Mary me llama para decirme que el seguro médico no está activo. La agencia me había dicho que estaba aprobado y pensé que Mary debía pagarlo, porque estaba a su nombre, y que luego la agencia le reembolsaba el dinero. Un error de comunicación de Surrogate Alternatives. Nunca me aclararon que yo era responsable directo del pago, más aun cuando todas las cuentas se saldaban a través de la agencia.

¿Conclusión? No hay seguro. Nos quedamos sin cobertura médica.

Pero no es hora de pensar en las malas noticias. Tengo un bebé vivo que crece dentro de Mary y que nacerá en unos seis meses.

¡Es una niña!

Es muy fácil caer en la paranoia si un extraño lleva a tu hijo en su vientre. Más aun si no has ido a su casa, ni conoces a su familia, ni sabes dónde trabaja o cómo piensa. Un documento legal es la única fianza. No hay garantía. Nada es 100 por ciento seguro en la reproducción asistida y menos en la maternidad por sustitución. Mi hija está encarcelada en un cuerpo desconocido. Ese es mi trauma.

Ya no me preocupa qué come Mary, si lleva una vida saludable, si cuida a mi bebé como cuidaría al suyo. En eso confío. Tengo fe en ella, no hay otra opción. Hasta ahora, el bebé me pertenece, siempre ha sido y será mío. Pero ya las hormonas hacen de las suyas. Lo percibo. Es como si Mary creara una protección para separarse, para que yo mantenga una distancia. Ella está en San Diego y yo en el otro extremo del país. Solo nos une un teléfono que ella rara vez contesta.

¿Por qué desaparece? ¿No se da cuenta de que puedo enloquecer? Va al médico, se hace análisis para detectar cualquier anomalía en el feto y no tiene tiempo de marcar mi número, hablar conmigo o simplemente dejarme un mensaje o mandarme un correo electrónico. Justificaciones siempre existen. Que si perdió la señal de Internet, que si el modem de la computadora se dañó, que si su hija lanzó el teléfono celular al inodoro.

Y yo me reviento la cabeza mientras organizo mi desesperante guión de errores.

En un análisis de sangre vamos a saber si mi bebé se ha desarrollado bien. Hay enfermedades genéticas que se pueden detectar desde ahora —con pruebas nada invasivas como análisis de sangre y otras algo más invasivas como tomar una muestra de la placenta—, que pueden poner en peligro la vida de mi hija.

Pero si Karen donó sus óvulos con veintidós años y Mary tiene veinticuatro, no creo que haya necesidad de hacer la amniocentesis. Es demasiado invasiva, puede poner en riesgo el embarazo y a estas alturas es lo único que me falta. Nada más pensar que van a introducir una enorme aguja en la cavidad uterina de Mary para tomar células del bebé me aterroriza. El feto puede sufrir daños, puede haber pérdida del líquido amniótico y, lo que es aun peor, una infección uterina que pondría fin al embarazo.

¿Debo consultarlo con Mary o debo excluirla de cualquier decisión? Es mi bebé, pero es su cuerpo. No quiero sentar precedente, aunque el problema es con quién consultar: no existe un libro de referencias y la agencia no es el mejor medio para hacerlo. Si le doy participación en esto, abriré otra puerta y siento que puedo perder el control. Es cierto que el contrato me da la autoridad de tomar cualquier decisión para proteger la vida del bebé o, si hay algún problema genético, incluso terminarla. Pero aquí no se trata de un problema legal, es más bien un asunto de cortesía. ¿Qué parámetros debo establecer ahora que entramos en el segundo trimestre, el decisivo?

Creo que nos inclinamos por las pruebas de tipo selectivo. En este sentido, es el ginecólogo-obstetra quien debe tomar la batuta. Nosotros seguiremos sus indicaciones. ¿Qué otra alternativa hay? De los exámenes que debemos hacer, uno es el estudio del pliegue de nuca cuyo engrosamiento es analizado, y el otro es un examen de sangre, el *triple screening*, que determina los niveles de la alfafetoproteína, la gonadotropina y el estriol. Si la alfafetoproteína es baja con respecto a la edad de Mary, hay riesgos de que el bebé padezca del Síndrome de Down. En lo que respecta a la gonadotropina, la hormona segregada por la placenta, se busca que no esté en un nivel alto en la sangre, pues es una señal de alteración genética. Por su parte el estriol, que es producido en conjunto por la placenta y el feto, no puede ser bajo, porque eso también conduce a que el bebé tenga problemas.

Ninguna de estas pruebas te dicen, con toda certeza, que tu bebé nacerá con un cromosoma de más, pero te pone sobre aviso de cualquier anomalía que indicará el paso a pruebas más invasivas y definitivas.

Algunos resultados los obtendremos en los próximos días, otros los recibirá el médico cuando pasen al menos dos semanas. La espera es lo que lo aniquila a uno en este proceso. Nada es inmediato. Nada es concreto. Nada es palpable. Nada es seguro. Nada es confiable.

Tengo que empezar a llamar a mi bebé por su nombre. Si es varón, se llamará Lucas, es mi segundo nombre. Nací el día de San Lucas. Buscamos el significado. "El que resplandece". Siempre quise tener un hijo con ese nombre. También nos gusta Oliver: "El que trae paz". Me gustaría mezclarlo con Andrea, el primer nombre de mi mamá. O David, Alexander, Marco.

Si es mujer, Gonzalo es el que va a seleccionarlo. Me gustan Elisa, Anna, Elise, Sofía, Isabel, Inés, Lucía, Eugenia, Nadia. Pero Gonzalo siempre ha tenido debilidad por Emma. Su origen es hebreo, es el diminutivo de Emmanuela. En su referencia germánica significa mujer fuerte, gentil y fraterna. Para los griegos,

Emma quiere decir "la que tiene gracia". En el santoral católico, su celebración es el primero de febrero. Santa Emma era en extremo generosa y se dedicaba a ayudar a los pobres. Lo mejor es que suena igual, tanto en inglés como en español. Es fácil de deletrear. Pero hay demasiadas Emmas. Si nos decidimos, tendrá que llevar un segundo nombre. ¿Qué tal Isabella? Demasiado pretencioso. Isabel. Prefiero Isabel, "la que ama a Dios".

Emma Isabel. Ya está decidido. Además, Isabel es el segundo nombre de la tía Ibis.

¿Emma? Mi mamá dice que a nadie le gusta. Quién es nadie. Mi hermana piensa que Emma es nombre de señora, hasta la prima Iliana le suena raro. ¿No entienden que no es una encuesta de preferencia? Es un hecho. Si es varón se llamará Lucas. Si es mujer, Emma Isabel. Ya se acostumbrarán.

Y recuerdo al Ángel de las Aguas del parque central. Su creadora, Emma Stebbins. Son señales que no puedo ignorar. Emma Isabel. Está decidido.

Por el Día de las Madres, le regalé a mi mamá un pasaje a Los Ángeles. La sorpresa es que desde Los Ángeles manejaríamos con la hermana de Gonzalo, Esther María y Néstor, su marido, a San Diego. Teníamos la cita para el ultrasonido de las dieciséis semanas, así que sabríamos con certeza —si el bebé estaba en la posición correcta— el sexo.

Mi mamá iba a conocer a Mary. Había llenado una bolsa con regalos para ella y para su hija. No sabía cómo agradecerle. La cita era al mediodía, así que llegamos a la consulta que estaba en un edificio lateral del Women's Health Center del Sharp Grossmont Hospital, donde debería nacer mi bebé.

Éramos cinco para presenciar el ultrasonido que nos permitiría darle un nombre a mi hijo. "Toda la familia. Voy a tener que buscar el cuarto más grande para que todos quepan". La recepcionista es la madre de una de las enfermeras de la clínica del doctor Wood.

Mary se asustó, al principio, mientras todos se acercaban a abrazarla. No se lo esperaba. Gonzalo empezó a explicarle cómo saber el sexo del bebé en la casa. Tomas un cabello bien largo, lo atas a un anillo y lo usas como un péndulo sobre tu abdomen mientras estás acostada. Si el anillo se mueve de manera circular, es niña, si lo hace en línea recta, es niño. Mary lo mira como diciendo, ¿de qué me habla?

Se le nota la barriga, piensan todos. En realidad, creo que ella disfruta usar blusas holgadas. Aún el bebé es muy pequeño.

En el monitor, podemos ver el cráneo del bebé, su columna vertebral y en ocasiones parece como si se chupara el dedo. Se mueve todo el tiempo. Lo miden, hacen cálculos. ¿Todo está normal? "Hasta ahora es un bebé de dieciséis semanas, muy bien formado. ¿Quieren saber el sexo? Pues parece que es niña". Esther María comienza a llorar. Néstor la abraza. Mi mamá se emociona. Yo estoy en shock. Cada vez es más real que voy a ser papá, bueno, ya soy papá. Estoy con mi hija en el mismo cuarto, nunca antes tan cerca como hoy.

La técnica mueve el transductor sobre el abdomen de Mary y nos muestra sus riñones, su corazón. Detiene la imagen y escribe en la pantalla: "todavía es una niña". La imprime y salimos del cuarto con la imagen de mi Emma en primer plano. "¿Ella es una Emma? Un bello nombre", me dice la técnica. Me da la impresión de que no es la primera Emma que recibe en su oficina.

Es una niña. Dejo mensajes en la clínica para el doctor Wood. Abrazo a Mary.

Emma Isabel. El nombre ya me es familiar. Existes. Cada vez eres algo más concreto. Has dejado de ser una ilusión. Ahora, a recorrer La Jolla y celebrarlo.

Baby Correa

JULIO

Vivo en un estado de desasosiego. Cada vez que le envío un correo electrónico o le dejo un mensaje a Mary y ella demora veinticuatro horas o más en responderme no puedo evitar comenzar a preocuparme.

Vamos a cenar con unos amigos y me es imposible dejar de revisar mis mensajes. No puedo participar a plenitud de ninguna conversación. Mis temas solo se circunscriben al bebé que espero.

Estamos a la mitad del camino. Mary tiene veinte semanas de embarazo y mi bebé dieciocho semanas de vida. Ya mide 10 pulgadas, está cubierta de una grasa, el vérnix caseoso, que la ayuda a que su piel sobreviva en el líquido amniótico y que, a la hora del parto, funciona como una especie de lubricante.

Y ya escucha. Por ahora, tiene que conformarse con los latidos del corazón de Mary. La próxima vez que nos veamos, voy a hablar bien alto para que se empiece a acostumbrar a mi

voz. ¿Qué le dirá Mary? ¿Conversarán? ¿Su hija se comunicará
con ella?

LO ÚLTIMO QUE supe de Mary es que ya siente a Emma. Dio sus
primeras pataditas. Así, nada más. No hubo detalles, ni sé cuánto
duró el movimiento o si se ha vuelto a repetir. Mi bebé ya hace
de las suyas, se impone y da señales de si tiene hambre, si está
incomoda, si no le gusta la música que Mary escucha. Ya se de-
fiende.

Me siento en el banco de la terminal de trenes de San Diego
y me dedico a lo que he hecho por los últimos meses, esperar. He
aprendido que el tiempo es un espacio al que pertenecemos y del
que muy pocas veces podemos salir. Uno es el tiempo.

He aprendido también a evitar la desesperación. En un instante la vida puede cambiar, pero también un instante puede ser
una eternidad. Quedamos en que Mary me recogería para ir al
ultrasonido. Ya está quince minutos retrasada. Lo único que
puedo hacer es dejarle un mensaje. Ya estoy en San Diego.

En su nueva camioneta negra, Mary llega radiante. Ahora sí
luce embarazada. Lleva el cabello suelto y se ha maquillado. Las
argollas que le regalé por el día de las madres le dan un aire de
feminidad. Dice que le fascinan. Todo el mundo tiene que ver
con ellas.

Los exámenes dieron negativos. No hay necesidad de la amniocentesis. La prueba de exploración triple dio normal. No hay
defectos del tubo neural ni peligro de que mi bebé tenga el Síndrome de Down, ni está presente un material adicional del
cromosoma 18, un síndrome bastante común que impide el desarrollo normal del bebé. Después de la consulta mensual con el
obstetra vamos hasta una clínica, en La Jolla, para hacer un ul-

trasonido 4D. Quiero ver cómo se ve mi hija, cómo se mueve. Tal vez podamos lograr un perfil más detallado, su naricita, su boca, sus ojos, la forma de la cabeza. Aún es un poco temprano, me dicen, para lograr una imagen acabada.

Y ahí estás, con la mano en la mejilla, como si descansaras; y luego te chupas el dedo y te quedas dormida. No quieres moverte.

Es hora de ir a la corte y pedir la sentencia de paternidad ante el juez. Más aun ahora, que te vi. Llené toda la documentación requerida y se la envié a mi abogado. Es mejor estar preparado. El bebé es mío antes de que nazca. Mary renuncia a sus derechos en la corte y se sella el documento de manera que no aparezca en ningún récord público el procedimiento de cómo logramos a Emma, ni los nombres de la donante de óvulo o la madre gestacional. Con esa sentencia es que debo presentarme en el hospital para que puedan tramitar el certificado de nacimiento solo con mi nombre.

Quiero ver el primer documento donde se refieran a ti como Emma. Para eso habrá que esperar. Le digo al abogado que eres una Emma y me responde que, para los trámites legales, seguirás siendo Baby Correa.

Cada vez que Mary me dice que diste una patada o que no la dejaste dormir, se refiere a ti como Baby Correa. Es nuestro código. Serás Emma Isabel el día que nos conozcamos. No te preocupes, cada vez falta menos. Por ahora, me conformo con que seas mi Baby Correa.

Pero pórtate bien, no mortifiques tanto a Mary. Hoy, además de cantarte para que te duermas, te leeré un cuento.

Ya sabes, uno de esos que empieza con *Había una vez…*

CASI NUNCA ME encuentro en los centros comerciales a padres solos con sus hijos. Tal vez los fines de semana te tropiezas a alguno. Si los ves, llevan a un niño en vez de una niña. Si van con una niña de seis, siete u ocho años, ¿cómo hacen si tienen que llevarla al baño?

Ya encontraré la solución. Esa es la preocupación menor. Ya vendrán otras. La primera menstruación, escoger la ropa, los peinados, las muñecas, las amigas, los novios. Voy a tener a una bebé que pronto se convertirá en una niña, sin que nos de tiempo de pensar, en una adolescente y, en un abrir y cerrar de ojos, en toda una mujer. Dios mío. ¿Sentirá la ausencia de una mamá? ¿Podremos llegar a ser los dos padres y madres a la vez? A la hora de dormir te voy a cantar. Es mi rutina nocturna. Te leeré tus historias favoritas. Conversaremos sobre la escuela, sobre lo que aprendiste, sobre tus amigos, sobre tus miedos. Vamos a estar muy juntos.

Siempre he pensado que uno extraña lo que pierde. Tú no has perdido una madre. Tú vas a ganar dos padres. Sé que hay muchos tipos de familia. Yo mismo no es que venga tampoco de una convencional. Con amor se soluciona todo y vamos a estar dedicados todo el tiempo a ti.

Aún no has nacido y ya eres el centro de nuestras vidas.

Ya falta menos

AGOSTO

EL DÍA ANTES de volar a San Diego para un ultrasonido, tengo
que entrevistar a Ricky Martin. Me siento como si tuviera
dos trabajos a tiempo completo: el proyecto de mi bebé y el de
editor en la revista.

Lo espero en un estudio de Miami Beach. Ya está listo el
fotógrafo, la maquilladora, el estilista. Solo tenemos dos horas
para fotos y entrevista. Es una edición especial, así que todo tiene
que salir a la perfección. No es la primera vez que estoy cara a
cara con él. No es la primera vez que responde a mis preguntas.
Por momentos soy incisivo, pero sabe que hay una línea de respeto. He tratado de ganarme su confianza, he publicado sus citas
al pie de la letra, he evitado traspasar barreras que pongan en
peligro su vida privada. Joselo, su mano derecha y uno de sus más
fieles amigos, me recibe con su habitual camaradería. Ricky
está listo. Lo siento asustado: la fama te hace vulnerable. Una
celebridad de su calibre tiene que aprender a desconfiar. Deben
cuidarse hasta de sus propias sombras. Cualquiera puede traicio-
narte. El más cercano puede venderte sin escrúpulos.

Para romper el hielo, o tal vez porque en estos días me he vuelto monotemático, no puedo dejar de hablar de mi proyecto. Mi hija nacerá en noviembre, se llamará Emma Isabel. Mary es la madre gestacional. Karen la donante del óvulo. Ricky queda atónito. No me invade con preguntas. Total, yo le he dado todas las respuestas. Joselo se muestra asombrado y no deja de felicitarme. Más de la mitad del tiempo programado hablamos de la subrogación y de las leyes en California. Respondió mis preguntas con sinceridad, lo vi relajado a partir de ese momento. Las fotos fluyeron sin obstáculos. Creo que dejé a Ricky un poco trastornado ese día. Tenía conmigo la imagen del ultrasonido de las dieciséis semanas pero no me atreví a mostrársela.

ANTES SOÑÁBAMOS CON que te movieras, llamaba cada semana para que Mary me contara si sentía tus pataditas, y ahora no dejabas de moverte. La pobre Mary nos decía que parecías un huracán, que le avisabas cada vez que era la hora de comer y, hasta que ella no se tragara el primer bocado, no parabas.

Te movías tanto que Mary sentía cómo su barriga se deformaba y pasaba de ser redonda a puntiaguda en segundos. Y en ocasiones pateabas tan fuerte que la dejabas sin aliento.

Ya tienes cejas y pestañas y los latidos de tu corazón son cada vez más potentes. Te estás quedando sin espacio en el vientre de Mary. Debes estar ansiosa por salir, pero ten calma, falta poco para que nos conozcamos.

Ella puede palpar tu cuerpo. Cuánto la envidio. Aún estamos muy lejos de ti. Mary siente a veces como si ya quisieras salir. Su vientre se contrae como si estuviera de parto. Es normal. No te apures. Lo único que pido es que sigas creciendo y desarrollándote que ya estamos en la recta final.

Mi amiga Laura me llama de madrugada. Está embarazada.

Todo a su debido tiempo

SEPTIEMBRE

DURANTE TODOS ESTOS meses he vivido como en una vorágine. Los días me transportan y a mis pasos los marca el crecimiento de mi hija. Si naciera hoy —Dios quiera que no—, podría sobrevivir sin mayores complicaciones. Cada hora que pasa me confirma que ya soy padre aunque aún no tenga a mi bebé en mis brazos y estemos separados por una placenta, un vientre ajeno y miles de kilómetros de distancia.

Emma tiene hoy treinta y dos semanas, pesa unas 5 libras y su pie mide 6 centímetros. Va a ser enorme. La ultrasonidista lo ha confirmado, sonríe y comienza a analizar los latidos del corazón. A partir de ahora aumentará media libra por semana, y ya ocupa todo el espacio del útero. Las uñas ya las tiene formadas.

Mary ha comenzado a sentir contracciones, las llamadas Braxton Hicks, aunque algo esporádicas. El médico nos dice que tiene un centímetro de dilatación. ¿Falta poco? ¿Vamos a tener un bebé prematuro? Por muy desesperado que esté por conocerte, estoy convencido de que debo ser paciente, y más en la recta final. Tus pulmones aún no están desarrollados y debemos evitar cualquier complicación. De 1 centímetro a los 10 que necesitas para nacer, falta un gran tramo. Para la próxima consulta, la semana que viene, ahí seguirá el centímetro de dilatación. Ni más ni menos, me advierten.

Mary ha llegado a la etapa en que se siente cansada. ¿Arrepentida? No creo. Su sonrisa perenne, siempre hablando de su hija, permite ver que está satisfecha. En realidad, debe estar deseosa de salir del peso que le ha destruido la espalda, de las malas noches y de las patadas constantes. Falta poco, es el único consuelo que le puedo brindar. Un mes y medio más, y adiós.

Cada semana el doctor le revisará el cuello uterino —que debe suavizarse— y nos dirá cuándo Emma estará lista para salir. Hay que esperar al menos hasta las 36 semanas. Quiero fijar la fecha para que el parto sea inducido. Es hora de tomar acción. Después de que nazcas, tenemos que quedarnos al menos diez días en California. Es el tiempo requerido por la aerolínea para que a un recién nacido le permitan volar.

Necesitamós un hotel. O manejamos contigo hasta Los Ángeles o nos quedamos en San Diego. Hago varias reservaciones en hoteles del área entre el primero y el 14 de noviembre.

Siento que estás a punto de nacer. ¿Estaré preparado? Nunca he cambiado un pañal desechable. Ya nos las arreglaremos.

El Women's Health Center, adyacente al Sharp Grossmont Hospital, es donde vas a nacer. Las habitaciones son privadas y, si el parto no tiene complicaciones, en esa misma cama donde Mary va a descansar, nacerás tú. Es un ambiente muy relajado. La familia tiene acceso al parto. Después se pasa a una suite donde me quedaré contigo por dos días.

Firmo todos los documentos y dejo una copia de la sentencia de paternidad, el original tiene que estar en mi poder el día que nazcas. Nos atiende una trabajadora social y nos da un tour por las diferentes habitaciones. Ya estamos registrados. Mary es la madre gestacional, queda claro, y yo soy el padre con los únicos derechos sobre ti.

En una de las veinticuatro habitaciones de parto se cerró la puerta y se encendió una luz roja en la entrada como la de los estudios de televisión que avisan que están al aire, en vivo. Un niño está por nacer. De regreso, la puerta está abierta y se escucha el llanto del bebé. Otra más se cierra y se enciende la luz roja. Mi corazón late con más fuerza. Hay un hombre que llora sentado en un sofá. Evita hacer contacto visual con nosotros. La trabajadora social sonríe para aliviar la tensión. En ese instante me gustaría saber quién es, qué le pasa, cómo está su hijo.

Durante nuestra visita calculamos que, al menos, nacieron unos cinco niños. Gonzalo ha filmado toda la visita. Nos persigue con la cámara por cada rincón del centro. Al principio, Mary luce un poco incómoda, pero luego se relaja. Incluso sonríe y posa para él.

Hay una pequeña tienda a la salida. Se pueden encargar flores para el día del parto. Hay postales, muñecos de peluche. En la agencia recomiendan que se le regale una joya a la madre gestacional. Puede ser una cadena, un pendiente. Creo que lo mejor es comprarle unos aretes de perlas de Tiffany's. Son elegantes y sencillos al mismo tiempo.

Junto a un arreglo de rosas rojas, la pequeña cajita azul con el lazo blanco y una dedicatoria a nombre de los tres, porque en ese momento ya habrás nacido: "A la mujer más maravillosa del mundo. En deuda contigo para toda la vida".

A punto de conocerte

HOY CUMPLO CUARENTA y seis años. En unas tres semanas nacerás. Mi familia nos despide con una fiesta que es más bien para darte la bienvenida. Todos han traído regalos. No son para mí, son para ti. Es la despedida. Mañana nos vamos a San Diego.

En La ideal, una tienda especializada para bebés, compramos tu primer ajuar, el vestidito con que saldrás del hospital. La vendedora nos dice que debe ser amarillo. Es la tradición. Ella tuvo dos hijas, una la vistió de blanco y hasta el día de hoy tiene muy mala suerte. A la menor la vistió de amarillo y es una triunfadora. El amarillo es el color de la Virgen de la Caridad del Cobre, la patrona de Cuba. Creo que es solamente una tradición nuestra. Te compramos unas medias, un pantalón, un vestido, un gorro y una manta. Todo amarillo.

No quiero que entres al mundo con el pie izquierdo. La suerte te va a acompañar. Pasamos demasiado trabajo para buscarte y no estoy dispuesto a cometer un error por azar.

Ha sido un año único. Miro atrás y no puedo creer por lo que hemos pasados. Análisis equívocos, agencias olvidadas, donantes sin óvulos, embarazos no deseados, transferencia de embriones perdidas y miles y miles de dólares gastados.

Pero ya estamos a muy poquito de conocernos. Aquí, en esta casa, entre estas cuatro paredes viviremos. Tu cuarto, cerca del mío; tus primeros juguetes; nuestros primeros años juntos.

La casa ya está llena de mecedoras, marugas, muñecas, vestidos, agua de violetas, pañales, sábanas de colores, dormilonas de oro, crucifijos de plata, zapaticos rosados.

Nos sentamos en la sala y pongo en el televisor unas imágenes que preparé sobre tu llegada. *En busca de Emma*, es el título, y son las fotos de nuestros viajes a San Diego: Karen y yo cuando nos vimos, el día que conocimos a Mary, el primer ultrasonido, tu imagen en primer plano en 3D, el hospital donde nacerás. Me dicen que nos parecemos. Que tenemos la misma nariz. Nina Simone ocupa la banda sonora.

Las imágenes desaparecen y se queda la música. Es un proyecto incompleto. Continuará. Tu llegada será el final.

Es pasada la medianoche y los invitados aún no se van. Tenemos que terminar de preparar tu maleta. Aún no has nacido y ya tienes tu primer equipaje.

Viviremos en Los Ángeles hasta que podamos traerte a casa. Será otra larga espera.

Nos vamos. Será el último viaje. Al regresar, seremos tres. Mi mamá me lo recuerda. La vida puede cambiar en un segundo y ese instante está por llegar.

MARY TIENE YA treinta y seis semanas. Sigue con 1 centímetro de dilatación, lo cual es normal, y tiene el canal del parto formado en un 50 por ciento. Decidimos inducir el parto el 14 de noviembre. Mary debe llegar al Centro a las 5:30 a.m., le colocarán la epidural, le romperán la fuente y a las 4:00 p.m. te tendré en mis brazos.

Aún nos queda una visita más antes de que nazcas. Mary tiene la barriga más grande y mucho más baja. Anoche pensó que te saldrías a la fuerza. No dejaste de darle patadas.

Reservamos una habitación en un hotel a cinco minutos del hospital para llegar bien temprano. Le daremos tiempo a Mary para que se prepare y nos pasaremos el día con ella hasta que logre los 10 centímetros de dilatación.

La mamá de Mary, Diana de Surrogate Alternatives y Suham, la recepcionista de la clínica, la acompañarán. Suham también está a punto de dar a luz. Es la cuarta vez que lleva el hijo de unos padres de intención. En uno de los partos tuvo gemelos.

Regresaremos a Los Ángeles y trabajaré desde la casa de la hermana de Gonzalo. Tendré que concentrarme para editar los artículos de la revista y quiero dejar coordinadas al menos un par de portadas porque a partir del día que llegues me desconectaré de la oficina por dos meses.

Marisela, la hermana de Gonzalo, y su esposo Fabrizio vinieron de Italia. Marisela es actriz y va actuar con su grupo en el Festival Internacional de Teatro Latino de Los Ángeles. Ellos irán con Esther María y Néstor a San Diego para conocerte. Mi hermana e Ibis vendrán a quedarse con nosotros en el hotel para ayudarnos contigo. Mi mamá nos esperará en Miami.

Ya lo decidimos. Dos días después de tenerte nos iremos a un hotel en Arcadia, cerca de la casa de Esther María. Es mejor manejar desde San Diego contigo. Habíamos pensado quedarnos cerca de Mary, para que la separación no fuera tan abrupta, pero hemos pensado que al final nos sentiremos incómodos, tanto ella como nosotros.

Una posibilidad era que Mary se extrajera la leche materna para alimentarte durante los primeros días y la combináramos con la fórmula. Eso ya lo veremos el 14 de noviembre. Por ahora, solo nos queda esperar.

En estos días Mary está más sensible. Nos mantenemos comunicados todo el tiempo. Nos cuenta cuánto te has movido por la noche, si la dejaste dormir, la acidez que le provocas. Cualquier cosa que coma la llena demasiado y todas las noches su hija te canta para que te duermas. Yo también. No he dejado de hacerlo.

El día antes de tu llegada

NOVIEMBRE

Hoy es la última noche. Mañana seremos tres. Cierro los ojos y veo el océano frente a mí. Me despierto y estoy en el pequeño cuarto oscuro de un hotel. Al volver a apretar mis párpados para acelerar el tiempo, me siento olvidado en medio de la arena.

Caminé por la orilla, descalzo. La playa estaba vacía. Traté de buscarte en el horizonte sin poder distinguirte. Las olas me lo impedían. Cada vez que pensaba que te encontraba, el acompasado movimiento de la enorme masa azul te borraba de mi vista. En un momento, logré divisarte. Me esperabas, flotabas a la deriva.

Me quité la ropa y nadé por más de una hora. Me faltaba el aire. El agua estaba helada y era tan densa que en un momento dejé de sentirme. Mis brazos ya no tenían fuerzas, mi corazón palpitaba con debilidad, iba a perder el pulso. Mis ojos comenzaron a nublarse y, en ese instante, logré alcanzarte. Me miraste y sonreíste. No podía definir tu rostro. Tus rasgos eran más precisos desde la distancia. De cerca, te desvanecías.

Sentimos que el esfuerzo valía la pena. Al mismo tiempo, me mirabas con lástima, te compadecías de mí. No nos hablamos. No necesitamos decirnos una palabra.

Las olas cesaron y flotábamos sin ninguna dificultad. Eran alrededor de las cuatro de la tarde. Dejé de sentir la temperatura. Al menos no había frío. Estábamos solos. Nadie podía rescatarnos.

El reto ahora era cómo regresar a la orilla.

Trato de enfocarme en la escena y no veo el final. Estoy en el medio del océano contigo. Te alcancé. No hay vuelta atrás. Estamos juntos, aunque nuestro destino sea quedarnos a la deriva. ¿Quién saldrá a buscarnos? ¿Seremos rescatados?

Buscarte ha pasado a ser parte de una nebulosa. Han acabado los años de desasosiego. Vas a ser mi realidad, no mi sueño. He aprendido a cicatrizar sin dejar marcas. Las pesadillas, las olvido. Lo importante es que voy a tenerte en mis brazos dentro de unas horas.

En este instante, tengo que decidir qué ropa me voy a poner al despertarme. Debo ensayar para que no haya ningún error. Primero, qué es lo que voy a decir al verte. Quiero que escuches mi voz tan pronto como nazcas. Quiero tenerte en mis brazos y no soltarte jamás. Aprovecharé que tendrás los ojos bien abiertos y nos miraremos por unos minutos y nos reconoceremos.

En ese preciso momento, cuando estés bien cerca de mí, te diré al oído que soy tu papá, que hice todo lo que estuvo a mi alcance para traerte al mundo desde el día en que te soñé la última noche del siglo pasado y que nunca me separaré de ti. Te mostraré a Mary, a cierta distancia, para que no se encariñe demasiado y te despedirás. Y algún día, cuando seas grande, te contaré cómo fue que te hicimos con la ayuda de dos maravillosas mujeres. Pero para eso faltará todavía algún tiempo.

Te pediré que cierres los ojos y descanses después de todo

el esfuerzo que habrás hecho para desprenderte del vientre de Mary. Lo que me quedará es cantarte bien bajito, los labios cerca de tu carita, para que nunca te olvides quién es tu papá. Al despertarte, me verás, porque aquí estaré, como siempre, a la espera. *Duérmete mi niña, duérmete mi amor, duérmete pedazo de mi corazón.*

El encuentro con Emma

HOY NOS VAMOS a conocer. Dice el doctor que más o menos sobre las cuatro de la tarde te voy a tener en mis brazos. Así, como si nada, como si todo se hubiese decidido ayer. Pero la realidad es que han sido años de búsqueda, unas veces casi hasta el desfallecimiento, en ocasiones sin esperanzas de encontrarte, pero con la certeza de que al final te iba a tener en mis brazos. Y hoy es el día. Aún no puedo adaptarme a la idea. Entrar con las manos vacías y salir contigo.

He practicado qué te voy a decir; trato de imaginarme cómo vas a reaccionar a mi voz. Llevo una camisa roja, para nuestra buena suerte. ¿Acaso ves? ¿O aún es muy prematuro para que me veas?

Son las siete de la mañana y ya Mary está en la cama, con la fuente rota y la epidural lista. Su madre está a su lado. Gonzalo y yo somos como dos desconocidos que te esperan. ¿Cómo se sentirá Mary después de tenerte nueve meses en su vientre? ¿Estará lista para entregarte, para dejarte ir? Gonzalo tiene preparada la cámara de fotos y vídeo. Está feliz.

Dos centímetros. Con la fuente rota, cuatro centímetros. Cada hora, un centímetro de dilatación. Parece que sobre las cuatro de la tarde te voy a conocer. ¿Qué haré cuando te tenga en brazos? Nunca me has oído. ¿Reconocerás tan solo la voz de Mary?

Vuelve la enfermera, y después de otra extenuante contracción, cinco centímetros. No me desconecto del teléfono. Mi hermana y mi mamá, en Miami, están al tanto de las dilataciones, de los latidos de tu corazón, como lo estoy yo. Seis centímetros. Mi hermana dice que de seis a diez centímetros se llega más rápido. A los diez, ya estarás lista para impulsarte y salir y gritar para llenar de aire tus pulmones aún tan pequeños.

Me dicen que estás bien colocada, de cabeza, en el canal de parto.

Siete centímetros. Cómo falta. Nunca antes contar había sido tan agotador. Y sé que tú también quieres salir a conocerme.

Cada vez que le viene una contracción a Mary te siento más cerca, como que te impulsas para salir y regresas a tu posición. Estoy al lado de Mary y puedo ver cómo te esfuerzas. En esta batalla estamos juntos.

Ocho centímetros. Tus latidos son cada vez más sonoros, es como si te acercaras a mi realidad.

A pesar de la gran expectativa, todos estamos tranquilos, demasiado. Mary luce cansada y aún no ha llegado el momento decisivo. Su madre sigue a su lado, revisa cuentas, teje. Es la primera vez que la vemos. Recuerdo que al principio estuvo en desacuerdo con que Mary te tuviera. Al final le dijo que era su decisión. Ahora está junto a ella.

Nueve centímetros. La recta final. Salgo de la habitación, recorro el largo pasillo y escucho el llanto de los recién nacidos.

Diez centímetros. Tengo que estar adentro. Al lado de Mary. Una contracción y ya puedo ver tu cabellera negra. Otra contracción y parece que vas a salir. ¿Dónde está el doctor? La enfermera sigue con el trabajo de parto.

Aquella habitación antes apacible comienza a transformarse

en un pequeño salón de operaciones. Me advierten que no puedo tocar nada que esté cubierto con un paño azul. Llega el doctor, la neonatóloga se apresta con la incubadora. Todo está listo.

"¿Quién va a cortar el cordón umbilical?" El doctor mira a su alrededor y se sorprende al verme llorar.

No le puedo contestar. Gonzalo me advierte que me lo voy a perder. Pero no puedo dejar de llorar y no quiero llorar. Quiero demostrarte que estoy feliz.

Me coloco a la izquierda del doctor, listo para cortar lo único que te ata a Mary.

Ya estamos en la etapa final. En un instante, quedamos paralizados en la habitación. Veo el rostro de preocupación del doctor. El equipo está preparado para cualquier emergencia. Esos segundos son eternos. Estoy desorientado. Quiero apretar la mano de Mary, pero no me atrevo. Su madre le seca el sudor de la frente. Mary, con todas sus fuerzas, contrae el rostro, sostiene el aliento, un leve quejido y ahí está tu carita, toda arrugada.

Ahora le toca a tus hombros, y luego tus brazos y piernas salen casi al unísono.

Oigo tu llanto suave. Pienso que vas a gritar.

Corto el cordón y el doctor te muestra: "Es una hermosa bebé". La neonatóloga te toma en sus brazos. Te limpia, te pesa y te viste. "Siete libras y siete onzas". Y el doctor agrega con una amplia sonrisa: "Número de suerte".

Comienzas a llorar con todas tus fuerzas y la neonatóloga asegura que ese era el sonido que buscaba. Pones cara de brava y la enfermera se ríe: "Eres una *drama queen*".

Me colocan el brazalete con tu nombre en la mano izquierda. A Gonzalo también.

Mary nos mira complacida. Su madre comienza a llorar. Le paso la mano por la cabeza a Mary y le transmito todo mi agradecimiento.

Y ahí, envuelta en la clásica sábana de hospital para los recién nacidos, te tomo en mis brazos.

"Bienvenida, Emma. Soy tu papá", te digo bien bajito, con la voz quebrantada. "Te quiero con toda mi alma desde el día en que te soñé". Y veo tus ojos enormes abiertos y me miras como si entendieras todo lo que te susurro.

Gonzalo no deja de filmar, me abraza y te digo al oído: "Gonzalo es también tu papá".

Sigues con tu vista fija en mí y me refugio en un rincón de la habitación a contemplarte, a delinear tu rostro, a dejar que tus manos aprieten mi dedo como si no quisieras dejarme ir.

Llegan el esposo de Mary y su hija, y tú y yo seguimos sentados en un rincón a la espera de que nos den nuestro cuarto en el hospital.

Nos despedimos de Mary. Ahora estamos solos y te revisamos, te cambiamos el primer pañal y sonríes y haces pucheros y nos miras como asombrada. Te doy la primera toma de leche y chupas desesperada.

Llega la trabajadora social y completamos toda la información para el certificado de nacimiento.

Naciste el 14 de noviembre de 2005, en La Mesa, California. Escriben tu nombre, Emma Isabel Correa. Escriben mi nombre, Armando Lucas Correa. Y en la sección donde dice madre, una sola palabra llena el vacío: "desconocida".

Cartas para Emma

Emma:

Te voy a contar una historia.

Unos días antes de que nacieras, mientras esperábamos felices tu llegada, algo mágico me ocurrió. Una luz entró por mi chakra corona (el chakra que tú conoces) y desperté. Me inicié al mundo espiritual, empecé a descubrir algo que yo no conocía, comencé a encontrar a Dios.

Por esa luz mágica comprendí lo maravillosos que somos todos los seres humanos, lo que podemos lograr a partir del Amor, el Amor Incondicional, el Amor Universal. El Amor es la puerta que nos conduce hacia la felicidad, la paz interna. Tú eres una creación del Amor de tus papás, y por eso eres tan excepcional.

También por esa luz entendí que cuando un bebé nace, lleva adentro un Ser Divino, su Alma, que escoge a la familia con quien desea vivir esta experiencia física en el planeta Tierra (el planeta donde vives), y por lo tanto escoge el cuerpecito que le va a servir de refugio. Por eso, te estamos muy agradecidos por habernos seleccionado como familia.

Percibí que los bebés nacen con mucha sabiduría y que pueden ayudar a sus padres con su conocimiento. Tus papás lo comprenden, y te dan la oportunidad de que lo desarrolles a plenitud.

Mantén la conexión con tu Ser Divino Interior y, de esa forma, siempre estarás cerca de la Energía de la Fuente, creadora de los mundos, y tu vida será tan maravillosa como lo desees.

Esta es la historia que te quería contar.

A tu nacimiento, al igual que al de tu primo Fabián, los considero un regalo que Dios me dio.

Abuelita Niurca

Emma bella:

Cuánta alegría, ternura y paz me ha dado ese nombre que lleva una personita tan especial, tan dulce, risueña y feliz: tú, mi nieta.

Llegaste a mi vida sin jamás pensarlo. Has sido un regalo de Dios. Al saber que venías al mundo me sentí consternada, no entendía cómo podía acontecer tu nacimiento. Después pensé en la felicidad que ibas a darle a tus dos papás y comprendí que tu llegada sería para ellos y todos los que te queremos una gran felicidad.

Siempre llevaré dentro de mi corazón el caluroso recuerdo de los treinta días que estuve a tu lado. Me tomabas por el brazo y me llevabas de la mano temprano en la mañana a la cocina para que te preparara el desayuno. Con qué gusto pasábamos ese rato las dos juntas. Cantábamos canciones de niños que tú apenas lograbas articular.

Quizás mis años futuros no me permitan disfrutar de tu crecimiento, ya que has llegado en el ocaso de mi vida a darme calor, ternura, dulzura, al recordar los momentos vividos junto a ti.

Cuando pase el tiempo y ya no esté entre todos ustedes, espero que algún día pienses en esta abuela que te ha querido y recordado siempre. Si ves en una noche estrellada una luz, soy yo que te miro y te bendigo.

Tu abuelita Cuqui de Cuba

Mi princesita:

El día que naciste fue muy esperado. Por mucho tiempo te vimos crecer en fotografías y películas. Papá nos enseñaba tu día a día en la barriguita de Mary. Entonces el amor también creció y se hizo tan grande que ahora no podemos ver dónde termina.

Pienso mucho en ti y algunas veces me sorprendo jugando contigo. Aprovecho para decirte lo mucho que te quiero y me pregunto cómo atraer tu atención al menos por un ratico.

¿Si decidiéramos juntas qué hacer para divertirnos?

Correr por el parque, eso nos gustaría. Pero sería todavía mejor si nos acompañaran Fabi y tu abuela Niurca. ¿Qué tal si le decimos a Papi y a Papá que vengan? Le pediría a tía Ibis que traiga a Simpson —¡entonces sí que nos vamos a divertir! Llevamos una pelota o globos, un papalote, nos acercamos al lago y le damos pan a los patos. A ellos les encantaría que les dieras pan, y claro, de ese pan comeremos nosotras también.

¿Sabes qué podemos hacer después? A ver, piensa qué te gustaría. Preparar un picnic en la hierba, hacer té, llevar galleticas.

Podemos hacer muchas cosas divertidas como jugar dominó, o quizás armamos un rompecabezas.

Mientras, te propongo comenzar a leer un libro muy largo, tan largo que podría llegar a esconderse detrás del sol. Iremos página por página y demoraremos mucho en terminarlo, así que tendremos que organizar varios picnics para juntas disfrutar de ese libro que se titula En busca de Emma. ¿Viste? Se llama igual que tú, y yo creo que nos va a gustar.

Invita a papi y a papá, yo se lo diré a Fabi, a tu abuela, a tía Ibis, ah, y claro, a Simpson. Vamos a leerlo en el parque, entre tacitas de té y galleticas. También invitaremos a Leonorcita, a Valentina, a Naomi, a Gusti, a Emily, a Antón, tus primitos y amiguitos de Miami.

Con todo mi amor, te abrazo y salto de alegría mientras espero para leer tu libro y correr juntas por el parque.

Tía Sahily

Mi querida primita:

Ha pasado mucho tiempo desde la última vez que te vi. Cada vez que vienes a visitarnos, me sorprende cómo cambias.

Has pasado de ser una bebé a una niña muy rápido. Ya han pasado algunos años desde que nos conocimos, bueno, unos cuatro.

Ha pasado mucho tiempo y en estos momentos debes estar inmensa. Ahora nos encanta hacerte cuentos, verte fascinada, pero en cualquier momento tú vas a ser la que nos estarás contando historias.

Te quiero mucho, desde el primer día que te vi en los brazos de tu papá, cuando te trajo de San Diego con sólo once días de nacida.

Tu primo grande, Fabi

Querida Emma:

Hay tantos niños en el mundo como sueños, porque cada niño es el sueño de sus padres convertido en una pequeña personita que crece y crece, hasta hacerse grande.

Y tú eres un gran sueño tejido por tus padres.

Desde el instante en que abriste los ojos por primera vez, la tolerancia y el amor se fundieron en una fiesta de colores que iluminó el cielo de California.

Yo lo vi porque estuve allí en esos días de otoño, cuando tu carita se asomaba al mundo con "escorpiónica" sutileza para saludar a quiénes esperábamos con ansias tu llegada.

Fuiste concebida desde la felicidad y para ser feliz.

Por eso, si alguna vez te sientes triste, lo único que tienes que hacer es mirar al cielo o pintar un arco iris.

Allí encontrarás el justo sentido de la palabra tolerancia.

Con mucho amor,

Tía Ibis

Emma, bonita:

La noche del día en que naciste, la tía Mari y el tío Fabrizio, tío Néstor y yo viajamos a un lugar que se llama La Mesa para conocerte. Andábamos medio perdidos en la carretera, muy nerviosos porque no queríamos llegar tarde a la clínica. Pero llegamos tarde y nos dijeron que no podíamos pasar: ¡eran las diez de la noche! Por suerte, tu papi habló con las enfermeras y les contó que veníamos desde lejos y que no haríamos ruido y que nos íbamos a portar bien. Entonces, nos pusieron unos brazaletes amarillos y nos dejaron pasar.

En la habitación había poca luz y estaba tu papá sentado en un sillón al lado de tu cunita, mientras tú dormías. Eras tan chiquitica y tan bonita que nos quedamos mudos mirándote. Y después te vimos despertar un poquito, tomar leche, volver a dormirte. Parecíamos unos bobos: mirándote y mirándote y tomando muchas fotos, como si fueras una persona muy famosa. En ese momento, tú eras para nosotros la persona más famosa y más importante del mundo. Nuestra primera sobrina, la niñita que todos esperábamos y que por fin podíamos conocer.

A veces, cuando uno está muy contento, llora. Es un poco raro, pero es así. Y todos los tíos llorábamos un poquito por la alegría de verte y por la alegría de ver lo contentos que estaban tus papás. Te cargábamos con mucho cuidado y hablábamos muy bajito para no despertarte.

Cada vez que te veo, ahora que ya eres una niña grande, me viene a la mente aquella noche. Aunque ya sabes muchas cosas, muchas letras, muchos números, cantar, bailar y hacer cupcakes, los tíos te vemos todavía como la pequeña Emma. Por eso siempre decimos "¡Pero qué grande está esta niña! ¡Cómo sabe!" Y nos ponemos tan contentos como si te hubiéramos acabado de conocer.

Un beso bien grande,
Esther María, la tía de California
(y otro de mi perra Henna, que se divierte mucho contigo)

Mi muy querida Emma:

Eres una niña bella, brillante y simpática de tres años. La belleza de tu pelo es rara vez mostrada en otra cabeza.

El que a tu prematura edad preguntes "cuántos ángulos tiene un círculo" muestra vehementemente tu superior inteligencia, principalmente a una profesora de matemáticas, como yo lo he sido por muchos años.

La coquetería con que seleccionas diariamente la ropa y los accesorios con que te vas a vestir, la precisión que muestras en tus pasos de ballet y otros muchos ejemplos que yo podría enumerar, son indicativos de tu gran simpatía.

Pero no solo por lo anteriormente indicado te quiero, te admiro y eres muy importante en mi vida: la felicidad que creas en tu padre Gonzalo (a quien quiero no sólo como a mi ahijado que es, sino como si fuera mi propio hijo) hace que seas un muy importante ser humano en mi vida.

Continúa brindando placer en tu vida y en la de las otras muchas personas que te rodean y te quieren: tu padre Mandy, tus múltiples abuelitas y tías, amiguitos y muchos más.

Espero que por el resto de mis días continúes ligada a mí como siempre se ha mantenido tu padre Gonza.

Tu "abuelita" Lydia

Emmita querida:

Del otro lado del océano de donde vives tú, en un país muy bonito llamado Italia, que un día seguramente visitarás, vivo yo. Cuando tú te acuestas en tu camita y empiezas a soñar, yo me estoy levantando para comenzar un nuevo día. Tengo una foto tuya y cada mañana te doy los buenos días. Quizás en sueños me has escuchado alguna vez.

Siento una gran emoción al escribirte esta carta, la misma que sentí la primera vez que te tuve en brazos, el día que naciste. La alegría y felicidad de todos los presentes esa noche no cabían en el espacioso cuarto donde estabas pasando tus primeras horas de vida. Tan grande eran que hasta las alarmas de las ventanas comenzaron a sonar.

Tendrías que haber visto a Papá y Papi, estaban radiantes como si ellos también hubiesen nacido contigo. Tú eras su gran sueño desde hacía mucho tiempo. Debes saber que para realizar un sueño no basta cerrar los ojos. Se debe luchar con pasión, constancia, fuerza y tanto, tanto amor. Y fue esto lo que hicieron tus papis para que la hermosa niña que eres, dejara de ser un sueño.

Ya han pasado más de tres años de ese maravilloso día. Ahora eres una niña feliz e inteligente que comienza a descubrir el mundo con la curiosidad ingenua de tu tierna edad.

Recuerdo con alegría inmensa los fantásticos días que pasamos juntas en tu casa de Nueva York hace sólo unos meses. Te disfruté al máximo. Cierro los ojos y me parece verte caminando con talento natural por toda la casa con tus tacones rojos. Me moría de la risa. Tu sonrisa contagiosa y tu vocecita ronca hablando ese español, que me sonaba tan único, las tengo estampadas en mi memoria como un gran tesoro. Y cuando estoy un poquito triste me basta mirar las fotos tuyas y de tu primita Leonorcita para recuperar la tranquilidad y la alegría.

Gracias Emma, por darme tanta felicidad.

Tía Mary

Cara nipotina Emma:

Pequeña, gran estrella del firmamento. El recuerdo del día en que apareciste está unido a una etapa de gran alegría para mí, por la coincidencia de situaciones y momentos felices compartidos con algunas de las personas que más quiero. Por eso me parece todavía más lindo.

Quisiera que te llegara el eco de esta voz lejana para trasmitirte la felicidad y la belleza que tu llegada ha traído a la vida de muchos.

Pero todas las palabras serían vanas porque frente a la belleza y la felicidad solemos quedarnos sin palabras.

Quizá serían más útiles las imágenes: las tuyas mirando el mundo que te rodea, curiosa y divertida, y revelando, con tu pequeño ser especial, la ternura y la maravilla.

Más aun lo explicarían las miradas y las sonrisas en los ojos y en los rostros de los que, a su vez, te miran a ti, te acompañan, te observan deslumbrados y te cubren de amor. Sobre todo tus papás, que desde el principio te han soñado y han fuertemente deseado que tú estuvieras aquí, para jugar y hacernos jugar contigo en el jardín de la vida.

Un poeta ha dicho: "Es fácil. Todo lo que necesitas es amor".

Como los poetas son fantásticos mentirosos, nosotros les creemos y sabemos que recibirás amor infinito y protección, caricias y sueños, para hacerte volar sobre un mundo donde no necesitarás de otra cosa.

It's easy.

Fabri, tu tío italiano

Querida Emma:

¡Qué tarde aquella! Transcurrieron tres horas interminables en el aeropuerto. Finalmente vi a mi hijo y luego de abrazarlo, casi temblando, comenzaba otra nueva emoción.

Viajábamos hacia su casa y la inminencia del próximo encuentro mantenía húmedos mis ojos. Por fin, frente a mí, tú y Leonorcita. Las dos mirándome con sus caritas de muñecas de carne y hueso. Dos ángeles que esperábamos por largos años, estaban allí, contemplándome.

La más pequeña, monísima, no podía comprender aún. Tú, en cambio, me observabas, entre expectante y confusa con tu fascinante expresión pícara y ansiosa: ¿Quién será este viejito? Todos dijeron a coro: ¡Es tu abuelo Gonzalo! Me regalaste una tímida sonrisa. Seguramente por instinto sentías que aquel viejito era otro más a quererte. Y esto te complacía.

Ya ha pasado un año y medio desde aquel momento inolvidable y tus fotos, que esperamos siempre, llenan nuestras vidas de alegría. Creces rodeada de un amor que te resulta, desde ya, tan fácil de devolverlo que seguramente lo harás, con gran intensidad, cuando "seas grande". Ahora, cada día, aprendes y aprendes muchas cosas lindas que llenan tu tierno corazón.

Dice un refrán chino: "Para ser un hombre hay que plantar un árbol, escribir un libro y tener un hijo". Yo, con todo respeto hacia su autor, me permito agregar: ¡Y tener una nieta como Emma!

Abuelo Gonzalo

Hace mucho tiempo escribí la historia inconclusa de dos hombres, Liro y Rintumino Doriló, que criaban juntos a una niña llamada Hebe...

Aún no salgo de la sensación de sorpresa que dan los reencuentros imposibles. Esta niña no es Hebe, es Emma. Sus padres son realmente sus padres, Mandy y Gonzalo, sin necesidad de que sean tíos, ni padres adoptivos, ni ningún otro tipo de familiar cercano.

Emma no es un personaje, es una niñita real que ya debe haber devorado varios pomos de leche y reclamado a su modo toda su sencillez.

Pues tan pronto te vea te daré un besito, Emma. Un besito muy nervioso porque nosotros, los grandes, nos hemos convertido en un pedacito de tiempo ya detenido para siempre en la progresión de una historia específica, mientras que ustedes, los bebés, vienen desde el secreto mismo del tiempo, pero lo traen envuelto en una sencillez inexpugnable.

Bueno, pequeñita, ya se te hará la clásica cosquillita en los pies...

Tu tía Sonia María

Mi querida ahijada:

Cuando puedas leer y entender este libro y estas cartas que te hemos escrito, ya serás una niña grande. Ya se te habrán caído los dientes de leche, ya habrás tenido tu primer día en la escuela y ya podrás andar a toda velocidad en la bicicleta que desde ahora prometo comprarte.

Pero si te puedo dar algo de valor, realmente de valor en la vida, será compartir esto contigo: Jamás he conocido a alguien que haya sido tan deseada, tan planeada y tan querida como tú. Y eso te ha hecho una de las niñas más afortunadas del mundo, una que se ganó la lotería de la vida, porque vives en el corazón de Papá y Papi —así como en el del resto de nosotros, tíos reales y postizos. Sabrás, por palabras y acciones, que naciste y creciste rodeada por algo que no todos los niños tienen: amor.

Aún recuerdo el día en que Papá me confió su plan secreto de tenerte. Secreto, aclaro, por la superstición esa de que cuando uno cuenta las cosas, quizás no se dan. En los más de diez años que yo tenía de conocer a Papá, jamás lo había visto así, tan feliz, tan emocionado. Bueno, hasta el día que llegaste tú. Ahí sí todos lloramos de emoción. Y desde ese feliz día, solo nos has dado razones para sonreír.

Te quiero desde antes de que nacieras,
Tu madrina, María

Mi Emma, mi motivación a ser mamá:

Te comencé a querer desde el momento en que brindamos con champagne en casa de una amiga de tus papás. Papá llamó a Papi para decirle que venías en camino. Brindamos, lloramos de la alegría y desde ese momento comenzó una película sin fin.

Irnos de compras, pensar en ti, conversar de cómo serías, a quién te ibas a parecer, ver vídeos de partos que Papá nos enseñaba, me introdujo a un mundo al cual yo le temía mucho: ser mamá.

Pero llegó ese momento y no me cansaré de decirle gracias a tu papá. Decidí comenzar el hermoso viaje interminable, el que siempre ansié, pero nunca dejé de temer. *Tu papá aceleraba mi embarazo cuando aún no había comenzado. Él me veía ya con un bebé dentro de mí y se lo decía a todo el mundo.*

Cuando sucedió, él fue el primero en recibir la noticia, a las seis de la mañana. Nos pusimos muy felices. Le dije, además, que lo que venía para él era la gran Emma, porque mi corazón me decía que ibas a ser niña.

Recuerdo el día en que Papi y Papá decidieron tu nombre. Estábamos en Miami Beach con Richard, un amigo de tus padres. Ahí surgiste como Emma Isabel. Todos brindamos —como ves, brindábamos muy seguido porque tú nos motivabas, nos dabas felicidad.

No naciste en Miami y ya yo llevaba a tu amiguita Valentina dentro de mí. No sabes cuánto sufrí esa separación. Fue un mes de lejanía, pero de mucha comunicación. Nos hablábamos todos los días, y me llegó la primera foto tuya. Eras una muñequita, estabas tan bella, tan hermosa; me dio tanta alegría que sentía las pataditas de Valentina como señales de amor hacia ti.

Llegaste a casa, a Miami, y cuando te tomé en brazos fue maravilloso. Ahí comenzaron las dichosas siete de la noche y los llantos interminables. Un día te cargué en medio de uno de esos llantos, me fui a tu hermoso cuarto, me senté en el sillón y te puse encima de mi barriga. Te mecí y te hablé bajito: en ese momento también eras mi niña, quería que sintieras a Valentina como tu hermanita, y te quedaste profundamente dormida.

A partir de ahí comenzaste a crecer muy cerca de mí. Ya no te duermes en mis brazos, pero Valentina y tú se abrazan como las grandes amigas lo hacen y eso, sabes, es porque tus papás y yo nos adoramos.

Emma, quiero que Valentina y tú nunca se separen. Las dos fueron concebidas con mucho amor y se sintieron una muy cerca de la otra desde que eran tan solo un simple embrión.

Siempre estaremos aquí para ti.

Laura y Valentina

Querida Emma:

Esta será, sin duda, una de las cartas más importantes que yo escriba, y será una carta muy simple, "de ingeniero", como diría tu papá.

Recuerdo cuando te conocí, redondita y frágil, recibiendo amor a montones y devolviendo felicidad y alegrías; sobre todo recuerdo la fascinación que producías en tu tía Leo, cómo se iluminaba ella y me deslumbraba a mí cuando te tenía en sus brazos. Te diré algo que nunca le he dicho a nadie: tengo la certeza de que fue en uno de esos momentos mágicos, en que ella te cargaba y yo las veía jugar, que nació tu prima Leonorcita, y no después, como todos piensan.

Para mí eres la ternura, eres mi reencuentro con la infancia y mis deseos de tener hijos, eres preocupación y alegría, eres la familia, la inteligencia y la inspiración. Eres además una niña, y serás una mujer con mucha suerte, pues la vida te regaló el privilegio de contar con los mejores papás del mundo, que hicieron todo por tenerte y harán todo por hacerte una persona feliz.

Finalmente lo más importante, eres el amor. El amor te hizo y el amor te salvará siempre.

Tu tío Osvaldo

Mi querida Emma,

Creo que fui tremendamente afortunado de haber podido estar presente en los días de tu concepción y en la hora de tu nacimiento.

Entonces una cosa se me hizo clara: eras una niña totalmente moderna, una niña del siglo XXI. Las condiciones científicas y técnicas y los avances médicos que posibilitaron tu existencia eran nuevos en la historia del mundo.

Pero también entendí que, en ese momento, se habían dado las circunstancias sociales y políticas que posibilitaron que tú aparecieras entre nosotros. Esas condiciones, aunque más difíciles de entender, no eran menos milagrosas. *Fuiste un milagro porque toda vida lo es, pero también por ser un prodigio de la sociedad, el resultado de un balance de fuerzas tremendas que nunca antes habían conseguido ponerse de acuerdo.*

Verás: tus padres y tus tíos y tías y abuelas venimos de un lugar donde muchas cosas estaban prohibidas. Una de ellas era el amor. Algunas personas estaban autorizadas a llevar una vida plena, con hijos y familia, y otras no. Para que tus padres pudieran amarse y constituir un hogar con una niña como tú, tuvieron que cruzar el mar y venir a este lado de la Tierra.

Debes saber que este mundo loco hizo las paces para que tú nacieras. Una nueva etapa en la convivencia de los seres humanos y un contrato social más justo fueron tus comadronas.

Por esas razones sentí un gran orgullo al conocerte esa mañana de otoño en San Diego, junto al Océano Pacífico, en el Oeste de las películas. Sentí orgullo de saber que tus padres eran tan valientes, auténticos pioneros, como aquellos que habían conquistado esas tierras muchos años antes. En cuestiones de paternidad, ellos fundaban un mundo nuevo. Se habían lanzado al futuro, con todas sus incógnitas y todos sus desafíos, solo por amor a ti, Emma Isabel.

¡Ojalá que la vida les depare largos años de felicidad!

Ahora recibe un beso de tu tío,

Néstor

Mi querida sobrina,

Alguien muy querido siempre me decía "cuando tengas que elegir entre el corazón y la razón, elige siempre el corazón porque de las elecciones del corazón uno nunca se arrepiente". Creo que fuiste puro corazón, antes, durante y después de tu nacimiento. Tus padres te eligieron y creo que tú también a ellos, te desearon tanto y, con ellos, todos los que los amamos

*nos unimos a ese deseo de amor único y entrañable que es la llegada de
una nueva vida.*

*Y así, el deseo te hizo llena de luz y de esa sonrisa campanillante,
y así nos enseñaste a los papás que tuvimos niños después de ti cómo se
ponen los culeros, cuál es la mejor leche, cómo es el entrenamiento del
potty...*

*Hoy no necesitas traje de princesa, tú reinas divina entre los grandes,
los pequeños, las mariposas y las flores.*

Tuya siempre,
Tía Leo

Emma, la niña más ansiada:

*De no ser porque tu nacimiento fue vislumbrado, pensado y planeado
por tus padres, diríase que es un regalo misterioso, algún prodigio que ha
venido a cumplir su destino con una varita mágica que transforma la vida
de quienes la aman.*

*Como eres un ser privilegiado tocado por la gracia, nada en ti es común
y corriente. La decisión de buscarte —una decisión tan radical que ni yo,
que me creo trasgresora, comprendí a cabalidad en el primer momento—
fue un acto inconmensurable de amor.*

*Desde que eras solo un deseo en la mente de tu papá y tu papi hasta
el momento en que llegaste, la aventura estuvo guiada por ese amor y
una dedicación absoluta. Bella y alegre Emma, que ya muestras señales
de una personalidad encantadora, serás bailarina, actriz o escritora,
arqueóloga o científica, siempre adorada y mimada en el maremágnum
de la existencia.*

*Cuando tengas edad para leer esta carta y el libro donde tu papá
narra la extraordinaria gesta de tu nacimiento, tal vez, con tu habitual
curiosidad, le preguntes qué quiere decir maremágnum, y recuerdes a una
tía lejana que tiene su mente y su espíritu puesto en ti.*

Tía Norma Niurka

Elekemele:

Para explicarte por qué para mí eres Elekemele en lugar de Emma, tendría que escribirte más de una carta, pero intentaré hacerlo en estas líneas. Sé que no nos vemos muy a menudo, pero siempre estás presente aunque tú vivas en la gran manzana y yo en la ciudad de los taquitos y el Palacio de Hierro. Lo único que te puedo decir es que Elekeleme es el lenguaje con el que puedo demostrarte mi cariño y darte las gracias. Antes de que tú llegaras, en mi vida solo existían dos pequeñas personas que me hacían creer que lo imposible se podía hacer realidad: la Alacalá y la Putumayo, mis sobrinas. Al igual que tú, en cuanto nacieron y las vi, supe que esos serían los nombres con las que yo las reconocería (los nombres que les pusieron sus padres son Carla e Isabel).

Tiempo después de su llegada, tus papás me dieron la noticia de que venías en camino después de años y años de estar buscándote. Así que cuando supe por todas las tribulaciones por las que atravesaron para llegar a ti, sabía que tú también serías otro maravilloso ser humano que me haría entender que por más complicado que parezca, los deseos, el amor y la felicidad sí se pueden alcanzar, así que te llamé Elekemele.

La primera vez que te vi, aún estabas en el vientre de Mary y te movías en su interior bajo la melodía "Summertime" cantada por Caetano Veloso, en un vídeo que te hizo tu papá. Jamás se me olvidará la forma en que ese CD llegó a mis manos. Fue una de las tantas veces que tus papás me dieron asilo en tu casa de Miami. Vestido con sus pants Adidas y su playera Lacoste azul, tu papá estaba sentado frente a su computadora en su estudio lleno de papeles, revistas y libros y, muy orgulloso, con una expresión que nunca le había visto, me enseñó tus primeras imágenes y me regaló el vídeo. Se lo veía tan feliz, que a partir de ese momento te di las gracias. Gracias, Elekemele, por alumbrar y dar tanta vida a una de las personas que ocupa un buen pedazo de mi corazón. Eres muy afortunada de ser la luz de tus papis, dos personas fuera de serie que por más complicado que sea, luchan por alcanzar los sueños e intentan entender el dialecto 'Afrikánder'.

Tu tía Carole

Bandolera mía, mi niña:

La vida cambia en un segundo. Radicalmente. Tú le diste un vuelco a mi vida, el más hermoso.

Aquí estamos Papá Mandy y yo contigo desde aquella tarde de noviembre que saliste del vientre de Mary a conquistarnos para siempre. Eras la bebé más hermosa. Papá Mandy estaba muy nervioso y no dejaba de llorar de felicidad. Yo no quería perder un segundo sin tomar tus primeras fotos y, a la vez, dejarte grabada para siempre en mi memoria.

Demoré un rato en cargarte. Le dije a tu papá que estaba sudado, pero en realidad lo que tenía era un poco de miedo. Eras perfecta y me aterraba hacerte daño, tan frágil. Me fue difícil creer que ya estabas ahí y que eras nuestra.

Tú fuiste nuestro acto de magia. A veces te me esfumabas, pero seguíamos ahí, batallando, llamándote por tu nombre, porque tuviste nombre antes de que fueras una pequeña célula, como la de la foto del libro que leemos todas las noches.

Ahora, cada minuto que paso contigo lo disfruto porque veo cómo vas creciendo, cómo vas cambiando, cómo vas aprendiendo. Me encanta cocinar para ti, bañarte, enseñarte a montar carriola y bicicleta, leerte y jugar a las casitas y a todo lo que inventamos todos los días.

Emma, tú eres nuestra creación. Tienes dos papás que te quieren muchísimo y que estarán contigo, siempre.

Hoy te abrazo y me pellizco para saber que ya no estoy soñando. Soy el hombre más feliz del mundo porque te tengo a ti.

Te adoro,
Papi Gonzalo

Mi Emma Isabel:

Cierro los ojos y puedo sentir aquella tarde en San Diego cuando nos conocimos y te tomé en brazos por primera vez. Cómo ha pasado el tiempo. Aún sigues siendo mi bebé y disfruto cada segundo a tu lado cuando llega la hora de dormir y te leo un libro, y cuando conversamos.

En las noches me sorprendes con tus salidas y tus frases tan especiales; como cuando nos pusimos a dibujar y yo quería hacerte un retrato y me dijiste: "Píntame con la boca feliz". O cuando te disfrazaste de bailarina española, comenzaste a taconear y te detuviste con un: "Papá, a mí me gusta el baile español, pero también el baile en inglés".

Una noche, después de llegar de Nueva Orleáns donde tuve que pasar un fin de semana trabajando, me miraste a los ojos y me dijiste: "No quiero que trabajes más". Te expliqué por qué tenía que trabajar y que yo también me ponía triste cuando no estaba contigo un fin de semana. Te asustaste, se te aguaron los ojos y me interrumpiste: "No te pongas triste, Papá. Cuando te pongas triste lo único que tienes que hacer es llamarme por teléfono".

Nunca vamos a olvidar el día que preguntaste quién era tu mamá. Habíamos celebrado tu cumpleaños número tres en uno de tus parques favoritos de Coral Gables, en Miami. Era la época de las princesas y, como ya era habitual, desde que cumpliste tu primer año, nos fuimos a Magic Kingdom, en Disney World. Papi iba manejando. Abuela Niurca iba de copiloto y tú ibas conmigo detrás.

Tenías unos dibujos que habías hecho la noche anterior y me dijiste: "Este es para tu mamá". Te pregunté entonces quién era mi mamá y me contestaste sin titubear: "Abuelita Niurca". Entonces abrí la caja de Pandora: "¿Y quién es la mamá de Papi Gonzalo?". "Abuelita Cuqui, que vive en Cuba", contestabas mientras seguías ensimismada en tus dibujos. Y así, después de una pausa, y sin que lo esperáramos, preguntaste por primera vez: "¿Y quién es mi mamá?". Gonzalo tragó en seco y no se atrevió a mirar atrás. Abuela Niurca se quedó lívida. Te contesté, me imagino que también un poco nervioso: "Tú tienes dos papás".

Abuela llamó a tía Sahily para hacerle el cuento. Papi a la tía Leo y a la tía Laura. Cada vez que entraba una llamada al teléfono hacían la anécdota. Tú seguiste como si nada, con tus dibujos.

De regreso a Miami te preparé un libro de fotografías con imágenes del día en que viajamos por primera vez a San Diego para concebirte; el encuentro con Mary y con Karen; el día que nos enseñaron los doce embriones; cuando transfirieron el que luego se convertiría en ti; Mary embarazada; el día del parto y cerraba contigo bailando, jugando en la nieve, con tus espejuelos oscuros y tus coronas. Lo titulé En busca de Emma.

Cuando comenzamos con la idea de buscarte un hermanito o una hermanita, tomaste el proyecto como tuyo. "Quiero que se llamen Anna y Sienna. Tenemos ahora que preparar el libro En busca de Anna y Sienna".

Y en esa búsqueda encontramos a Anna y Lucas.

Cuando puedas leer estas cartas, tendrás a tus hermanitos a tu lado. Es un sueño, pero debes ir sabiendo que los sueños son como esos capullitos que observas, fascinada, en el Museo de Historia Natural y que, poco a poco, crecen hasta el día en que se transforman en hermosas mariposas.

Emma, una vez tú fuiste mi capullito, como ahora lo son Anna y Lucas. Pronto también ellos se convertirán en nuestras mariposas. Cierra los ojos, sueña con todas tus fuerzas y verás cómo un día esos sueños se harán realidad. Tú eres la evidencia.

Te quiere con todo el corazón,
Tu papá Mandy

Agradecimientos

A MI MAMÁ Niurca; a mi hermana Sahily; a mi sobrino Fabián; a los tíos Ibis, Leonor, Marisela, Fabrizio, Osvaldo, Néstor, Marlén y Ana; a los abuelos Esther, Gonzalo, Correa y Lydia; a los primos Iliana, Ovidio, Romy, Gustavo, Betsy y Ulises; a Yolanda, Estradelia, Tania, Reizel, María Julia, Nora, Vicky y Vivian, por estar con nosotros en esta odisea.

A mis amigos y equipo de *People en Español*, por ser pacientes con mis obsesiones, especialmente Chiara, María, Nicole, Angel, Isis, Miguel, Kika, Elvis y Carole, que vivieron mis tribulaciones para convertirme en papá.

A María Antonieta Collins, a Laura García y a Norma Niurka, por estimularme a escribir *En busca de Emma*.

A Mirta Ojito, por sus sabios consejos.

A la tía Esther María por haber tenido la paciencia y la dedicación de leer estas páginas por primera vez.

A Cecilia Molinari por su exquisita precisión como editora.

A Rene Alegria, porque creyó en este proyecto apasionadamente y me abrió las puertas para convertirlo en realidad.

A Johanna Castillo por sus recomendaciones editoriales.

A Omar Cruz, el mejor fotógrafo, por su increíble paciencia

con Emma y por las hermosas imágenes que tomó para la portada de este libro.

A Herman Vega, por seleccionar la mejor foto para la portada.

A Becky, quien me abrió el camino para llegar a la agencia de madres gestacionales.

A Greg, padre de gemelos, a quien seguí paso a paso para buscar a Emma.

A Diana y Melinda, de Surrogate Alternatives, que me pusieron en contacto con Mary, la madre gestacional.

A Darlenne y a Becca, de A Perfect Match, que me facilitaron a la donante de óvulos.

A los doctores Samuel Wood, Linda Anderson y Catharine Adams, verdaderos genios detrás de Reproductive Science Center, que me ayudaron a crear a Emma, así como a todo su equipo, en especial Angela Scroop y Suham Rojas.

Al abogado Thomas Pinkerton y su equipo, por ayudarme a transitar por los intrincados vericuetos legales.

Al paciente doctor Hamilton Steele, que trajo a Emma al mundo.

A la doctora Lisa Pérez-Grossman, por ser una amiga y por ayudarnos con Emma desde el día en que nació. A todo su equipo, por su dedicación, en especial Lianet.

A la donante, por haber aportado la mitad necesaria para crear a Emma.

A Mary, por su gentiliza y ternura. Por haber incubado a Emma por nueves meses.

A Gonzalo, porque juntos buscamos y encontramos a Emma.